4ᵉ

Les *fichiers* Vuibert

français

Tout le programme en fiches pratiques

Christian Courchelle, *professeur certifié de lettres modernes au collège Haffreingue-Chanlaire, à Boulogne-sur-Mer, formateur au CUEEP de l'université du Littoral*

Illustrations (intérieur) de Jean-Pierre Gaüzere

Illustration (couverture) de Laurent Audouin

D1725306

ISBN 2 7117 3639 3, © Vuibert, 1998.

Comment utiliser ce fichier

Le **sommaire**
(page 4) te donne la
liste des fiches, classées par thèmes.
Consulte-le pour retrouver
tout de suite la fiche
qui répond à ta question.

Tu peux aussi utiliser l'**index** : tous les mots importants de tes leçons y sont classés
par ordre alphabétique, avec le numéro des pages
à côté.

TEST D'ÉVALUATION

À chaque fiche correspond
un **test d'évaluation.**
L'ensemble des tests sont
réunis, au début du livre,
sur les pages bleues.
Grâce à eux, tu peux
vérifier si tu as besoin
ou non de réviser les fiches.
À la fin de chaque thème,
fais le bilan !

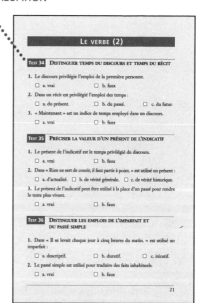

Après les tests, tu trouves les **fiches**.

POUR REVOIR L'ESSENTIEL

POUR VÉRIFIER QU'ON A COMPRIS

EXERCICES

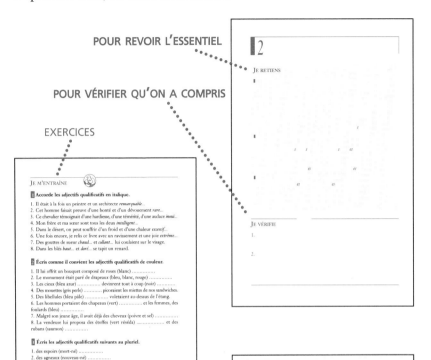

INDICATION POUR T'AIDER
À FAIRE L'EXERCICE

Les **corrigés** des **tests d'évaluation** et des **exercices des fiches** sont à la fin du livre, sur les pages rouges. Si tu as fait des erreurs, gomme tes réponses et recopie les résultats exacts.

Sommaire

Les propositions subordonnées

VOCABULAIRE ET COMPRÉHENSION DE TEXTE
Vocabulaire

Compréhension de texte

RÉDACTION
Le sujet d'imagination

Le sujet de réflexion

Tests d'évaluation

Orthographe grammaticale

Pour les quatre tests qui suivent, cherche des exemples ou des contre-exemples. Tu trouveras plus facilement la bonne réponse.

Test 1   ACCORDER LE VERBE AVEC SON SUJET

1. Le verbe s'accorde avec le sujet, même si celui-ci est inversé.

   ☐ a. vrai   ☐ b. faux

2. Le verbe d'une proposition relative introduite par « qui » s'accorde :

   ☐ a. avec le sujet du verbe de la principale.

   ☐ b. avec l'antécédent du pronom « qui ».

3. Si le sujet est le pronom indéfini « on », le verbe se met :

   ☐ a. au singulier.   ☐ b. au pluriel.

4. Si le verbe « être » a pour sujet « ce » ou « c' », il s'accorde avec l'attribut.

   ☐ a. vrai   ☐ b. faux

Test 2   ACCORDER UN ADJECTIF QUALIFICATIF

1. Un adjectif qualificatif s'accorde avec le nom auquel il se rapporte.

   ☐ a. vrai   ☐ b. faux

2. « marron » est un adjectif qualificatif de couleur variable.

   ☐ a. vrai   ☐ b. faux

3. En règle générale, les deux éléments d'un adjectif composé au pluriel :

   ☐ a. s'accordent.   ☐ b. ne s'accordent pas.

7

ACCORDER UN PARTICIPE PASSÉ

1. Le participe passé d'un verbe utilisé avec l'auxiliaire « être » s'accorde :

☐ a. avec le complément d'objet direct, si celui-ci précède le verbe.

☐ b. avec le sujet.

2. Un participe passé utilisé sans auxiliaire s'accorde comme un adjectif qualificatif.

☐ a. vrai ☐ b. faux

3. Le participe passé suivi d'un infinitif ne s'accorde que dans certains cas.

☐ a. vrai ☐ b. faux

TEST 4 **ACCORDER « TOUT » SI NÉCESSAIRE**

1. Lorsque « tout » est pronom, il s'accorde.

☐ a. vrai ☐ b. faux

2. Lorsque « tout » est adverbe, il ne s'accorde jamais.

☐ a. vrai ☐ b. faux

3. Lorsque « tout » est adjectif, il s'accorde :

☐ a. en genre. ☐ b. en nombre. ☐ c. en genre et en nombre.

TEST 5 **CHOISIR L'HOMOPHONE QUI CONVIENT (1)**

1. On écrit « a » quand on ne peut pas le remplacer par « avait ».

☐ a. vrai ☐ b. faux

2. Lorsqu'il s'agit d'utiliser la conjonction de coordination, on écrit :

☐ a. « et ». ☐ b. « est ».

3. On écrit « où » quand il s'agit de l'adverbe de lieu.

☐ a. vrai ☐ b. faux

1. « sont » correspond à une forme conjuguée du verbe ou de l'auxiliaire
« être ».

    ☐   a. vrai   ☐   b. faux

2. Le pronom « se » n'est utilisé qu'avec des verbes pronominaux.

    ☐   a. vrai   ☐   b. faux

3. On écrit « ce » si on peut le remplacer :

    ☐   a. par « me ».   ☐   b. par « cela ».

▌ *Corrigé des tests page 221.*

▌ Nombre de bonnes réponses : ………

▌ Si tu as moins de 17 bonnes réponses, travaille les fiches 1 à 6,
pages 45 à 56.

ORTHOGRAPHE D'USAGE

---

1. On place un accent aigu sur la lettre « e » si la syllabe suivante :

    ☐   a. contient un « e » muet.   ☐   b. ne contient pas de « e » muet.

2. L'accent grave ne se place que sur les lettres « e », « a » et « u ».

    ☐   a. vrai   ☐   b. faux

3. On écrit « e » sans accent devant un « x ».

    ☐   a. vrai   ☐   b. faux

DOUBLER LA CONSONNE SI NÉCESSAIRE

1. On trouve généralement une consonne double :

☐ a. entre deux voyelles.   ☐ b. entre une voyelle et une consonne.

2. On ne double pas une consonne après une voyelle accentuée.

☐ a. vrai   ☐ b. faux

3. Une consonne double se trouve souvent à la jonction du préfixe et du radical.

☐ a. vrai   ☐ b. faux

4. « courir » double le « r » au conditionnel présent.

☐ a. vrai   ☐ b. faux

TEST 9 **ÉCRIRE DES MOTS AVEC DES LETTRES MUETTES**

1. On ne trouve jamais de lettre muette au début d'un mot.

☐ a. vrai   ☐ b. faux

2. Seules les consonnes peuvent être des lettres muettes.

☐ a. vrai   ☐ b. faux

3. On peut retrouver la consonne muette qui se trouve à la fin d'un nom ou d'un adjectif :

☐ a. en formant le féminin.   ☐ b. en mettant le mot au pluriel.

4. Certaines formes conjuguées contiennent des lettres muettes.

☐ a. vrai   ☐ b. faux

TEST 10 **ORTHOGRAPHIER DES NOMS FÉMININS**

1. En règle générale, le féminin d'un nom se forme en ajoutant un « e ».

☐ a. vrai   ☐ b. faux

2. La plupart des noms féminins en « -té » ou « -tié » :

   ☐   a. s'écrivent avec un « e ».   ☐   b. ne s'écrivent pas avec un « e ».

3. Tous ces mots sont bien orthographiés : *la glu, la paroi, la tribu, la souris.*

   ☐   a. vrai   ☐   b. faux

> ▮ *Corrigé des tests page 221.*
>
> ▮ Nombre de bonnes réponses : ………
>
> ▮ Si tu as moins de 11 bonnes réponses, travaille les fiches 7 à 10, pages 57 à 64.

L'INDICATIF

TEST 11   CONJUGUER UN VERBE AU PRÉSENT

---

1. Au présent de l'indicatif, les verbes en « -er » font « -e », « -es », « -e » aux personnes du singulier.

   ☐   a. vrai   ☐   b. faux

2. Au présent de l'indicatif, tous les verbes en « -eter » doublent leur consonne finale devant un « e » muet.

   ☐   a. vrai   ☐   b. faux

3. Le verbe « prédire » fait « -s », « -s », « -t » au présent de l'indicatif.

   ☐   a. vrai   ☐   b. faux

TEST 12   CONJUGUER UN VERBE AU PASSÉ SIMPLE

---

1. Aux deux premières personnes du pluriel du passé simple, on utilise un accent circonflexe.

   ☐   a. vrai   ☐   b. faux

2. La terminaison de la 3ᵉ personne du singulier du passé simple des verbes en « -er » est :

☐ a. « -a ».   ☐ b. « -at ».   ☐ c. « -ât ».

3. Tous les verbes en « -ir » font « -is », « -is », « -it » aux personnes du singulier du passé simple.

☐ a. vrai   ☐ b. faux

4. Pour former le passé simple à la voix passive, il faut utiliser l'auxiliaire « être » au passé simple.

☐ a. vrai   ☐ b. faux

TEST 13   CONJUGUER UN VERBE AU FUTUR SIMPLE

1. Les terminaisons du futur simple de l'indicatif sont les mêmes pour tous les verbes.

☐ a. vrai   ☐ b. faux

2. Certains verbes doublent le « r » du radical au futur simple.

☐ a. vrai   ☐ b. faux

3. « acquérais » est une forme du futur simple du verbe « acquérir ».

☐ a. vrai   ☐ b. faux

TEST 14   CONJUGUER UN VERBE À L'IMPARFAIT

1. Tous les verbes n'ont pas les mêmes terminaisons à l'imparfait de l'indicatif.

☐ a. vrai   ☐ b. faux

2. Le verbe « travailler » s'écrit, à la première personne du pluriel de l'imparfait :

☐ a. « travaillons ».   ☐ b. « travaillions ».   ☐ c. « travailliions ».

3. Les verbes en « -ier » prennent deux « i » aux deux premières personnes du pluriel de l'imparfait.

☐ a. vrai   ☐ b. faux

1. Les terminaisons du conditionnel présent ne sont pas les mêmes pour tous les verbes.

☐ a. vrai ☐ b. faux

2. Le conditionnel comprend :

☐ a. un temps. ☐ b. plusieurs temps.

3. « mourais » est une forme du conditionnel présent du verbe « mourir » :

☐ a. vrai ☐ b. faux

TEST 16 UTILISER LES TEMPS COMPOSÉS DE L'INDICATIF

1. On appelle « temps composés » ceux qui se forment avec l'auxiliaire « avoir ».

☐ a. vrai ☐ b. faux

2. Au plus-que-parfait, on met l'auxiliaire à l'imparfait.

☐ a. vrai ☐ b. faux

3. « suis parti » est :

☐ a. au passé composé, voix active.

☐ b. au passé composé, voix passive.

▮ *Corrigé des tests page 221.*

▮ Nombre de bonnes réponses : ....

▮ Si tu as moins de 13 bonnes réponses, travaille les fiches 11 à 15, pages 65 à 74.

CONJUGUER UN VERBE À L'IMPÉRATIF

1. L'impératif est un mode :

☐ a. personnel. ☐ b. non personnel.

2. Les verbes en « -er » font « -es » à la deuxième personne du singulier de l'impératif présent.

☐ a. vrai ☐ b. faux

3. L'impératif passé se forme toujours à l'aide de l'auxiliaire « avoir ».

☐ a. vrai ☐ b. faux

CONJUGUER UN VERBE AU PRÉSENT ET AU PASSÉ DU SUBJONCTIF

1. Le subjonctif est un mode qui comprend plusieurs temps.

☐ a. vrai ☐ b. faux

2. Les deux premières personnes du pluriel du subjonctif présent sont formées avec les terminaisons de l'imparfait de l'indicatif.

☐ a. vrai ☐ b. faux

3. Pour former le subjonctif passé, on utilise :

☐ a. l'auxiliaire « avoir » seulement ;

☐ b. l'auxiliaire « être » ou « avoir ».

1. Le participe est un mode personnel.

☐ a. vrai ☐ b. faux

2. Le mode participe n'a que deux temps.

☐ a. vrai ☐ b. faux

3. « mangeant » est une forme :

☐ a. du mode participe. ☐ b. du mode gérondif.

▮ *Corrigé des tests page 221.*

▮ Nombre de bonnes réponses : ....

▮ Si tu as moins de 10 bonnes réponses, travaille les fiches 16 à 19, pages 75 à 82.

LA NATURE DES MOTS

TEST 20 INDIQUER LA NATURE D'UN MOT OU D'UN GROUPE DE MOTS

1. Indiquer la nature grammaticale d'un mot ou d'un groupe de mots, c'est donner sa fonction dans la phrase où il est employé.

☐ a. vrai ☐ b. faux

2. La nature du mot « magnifique » est :

☐ a. nom commun. ☐ b. adjectif indéfini.

☐ c. adjectif qualificatif.

3. Un même mot peut avoir différentes natures grammaticales.

☐ a. vrai ☐ b. faux

RECONNAÎTRE LES DIFFÉRENTS DÉTERMINANTS

1. Les déterminants sont le plus souvent variables en genre et en nombre.

   ☐ a. vrai   ☐ b. faux

2. L'adjectif qualificatif est un déterminant.

   ☐ a. vrai   ☐ b. faux

3. Quel est le déterminant dans « ce très bel oiseau » ?

   ☐ a. « ce ».   ☐ b. « très ».   ☐ c. « bel ».

TEST 22 **ÉTUDIER UN ADJECTIF QUALIFICATIF**

1. L'adjectif qualificatif se rapporte à un nom ou à un pronom.

   ☐ a. vrai   ☐ b. faux

2. L'adjectif qualificatif peut être sujet.

   ☐ a. vrai   ☐ b. faux

3. Quand on étudie un adjectif qualificatif, on doit notamment préciser :

   ☐ a. son orthographe.   ☐ b. sa fonction.

TEST 23 **ÉTUDIER UN PRONOM PERSONNEL**

1. Quel est le pronom personnel dans « Mon père l'avait bien prédit ! » ?

   ☐ a. « mon »   ☐ b. « l' »   ☐ c. « bien »

2. Dans « J'en veux. », « en » est un pronom personnel.

   ☐ a. vrai   ☐ b. faux

3. Quand on étudie un pronom personnel, on doit notamment préciser :

   ☐ a. son orthographe.   ☐ b. sa personne.

   ☐ c. quel autre pronom le suit.

TEST 24 REMPLACER UN GROUPE DE MOTS PAR UN PRONOM PERSONNEL

1. Le mot ou le groupe de mots que remplace un pronom personnel le précède toujours dans la phrase.

☐ a. vrai ☐ b. faux

2. Le pronom personnel varie :

☐ a. en genre seulement. ☐ b. en nombre seulement.

☐ c. en genre et en nombre.

3. « Pronominaliser » signifie remplacer un pronom par le mot ou le groupe de mots qu'il désigne.

☐ a. vrai ☐ b. faux

TEST 25 RECONNAÎTRE LES DIFFÉRENTS PRONOMS

1. Quel est le pronom indéfini dans « On lui doit ce chef-d'œuvre. » ?

☐ a. « On ». ☐ b. « lui ». ☐ c. « ce ».

2. « que » est toujours un pronom relatif.

☐ a. vrai ☐ b. faux

3. « notre » est un pronom possessif.

☐ a. vrai ☐ b. faux

TEST 26 RECONNAÎTRE UN ADVERBE

1. Quel est l'adverbe dans « Tout nous convenait alors. » ?

☐ a. « tout » ☐ b. « nous » ☐ c. « alors »

2. Un adverbe peut compléter un verbe, un adjectif ou un autre adverbe.

☐ a. vrai ☐ b. faux

3. « Que » est adverbe dans « Que d'enthousiasme ! ».

☐ a. vrai ☐ b. faux

1. Une préposition est variable en genre et en nombre.

   ☐ a. vrai ☐ b. faux

2. Une préposition peut introduire une proposition.

   ☐ a. vrai ☐ b. faux

3. Quelle est la préposition dans « Rien ne se passe sans elle. » ?

   ☐ a. « ne » ☐ b. « se » ☐ c. « sans »

Test 28 **Reconnaître une conjonction**

1. « Car » est une conjonction de subordination.

   ☐ a. vrai ☐ b. faux

2. Une conjonction de subordination est un mot subordonnant.

   ☐ a. vrai ☐ b. faux

▌ *Corrigé des tests page 221.*

▌ Nombre de bonnes réponses : ....

▌ Si tu as moins de 24 bonnes réponses, travaille les fiches 20 à 28, pages 83 à 100.

LE VERBE (1)

TEST 29 | **DISTINGUER VERBE TRANSITIF ET VERBE INTRANSITIF**

1. Dans « Les nuages passent dans le ciel. », « passent » est un verbe :

☐ a. transitif direct.   ☐ b. transitif indirect.

☐ c. intransitif.

2. Un verbe transitif double se construit avec deux compléments d'objet.

☐ a. vrai   ☐ b. faux

3. Un même verbe peut être transitif direct ou transitif indirect, selon l'emploi qu'on en fait.

☐ a. vrai   ☐ b. faux

TEST 30 | **DISTINGUER VOIX ACTIVE ET VOIX PASSIVE**

1. À la voix active, le sujet fait l'action indiquée par le verbe.

☐ a. vrai   ☐ b. faux

2. Le verbe est à la voix passive dans « Il est arrivé par le train. ».

☐ a. vrai   ☐ b. faux

3. Le complément d'agent est introduit par la préposition :

☐ a. « par ».   ☐ b. « de ».   ☐ c. « par » ou « de ».

TEST 31 | **FAIRE UNE TRANSFORMATION PASSIVE OU ACTIVE**

1. Lors d'une transformation passive, le sujet actif devient sujet passif.

☐ a. vrai   ☐ b. faux

2. La transformation active est toujours possible.

☐ a. vrai   ☐ b. faux

3. Lors d'une transformation passive, l'auxiliaire « être » se met :

☐ a. au temps du verbe actif   ☐ b. au subjonctif

☐ c. au passé.

TEST 32   **DISTINGUER LES DIFFÉRENTS MODES**

1. On distingue :

☐ a. cinq modes   ☐ b. six modes   ☐ c. sept modes

2. Il existe seulement deux modes non personnels.

☐ a. vrai   ☐ b. faux

3. Les formes d'un mode personnel varient selon les personnes.

☐ a. vrai   ☐ b. faux

TEST 33   **APPLIQUER LA RÈGLE DE CONCORDANCE DES TEMPS**

1. Le temps du verbe de la subordonnée dépend de celui du verbe de la principale.

☐ a. vrai   ☐ b. faux

2. Cette phrase est correcte : « Il pensait que j'étais un lâche. »

☐ a. vrai   ☐ b. faux

3. Si le verbe de la principale est au présent, le verbe de la subordonnée ne peut être utilisé au passé.

☐ a. vrai   ☐ b. faux

▌ ■ *Corrigé des tests page 221.*

▌ ■ Nombre de bonnes réponses : ....

▌ ■ Si tu as moins de 16 bonnes réponses, travaille les fiches 29 à 33, pages 101 à 110.

Le verbe (2)

Test 34 Distinguer les deux types d'énoncé

1. Le discours ancré dans la situation d'énonciation privilégie l'emploi de la première personne.

☐ a. vrai   ☐ b. faux

2. Dans un discours coupé de la situation d'énonciation est privilégié l'emploi des temps :

☐ a. du présent   ☐ b. du passé   ☐ c. du futur.

3. « Maintenant » est un connecteur temporel employé dans un discours ancré dans la situation d'énonciation.

☐ a. vrai   ☐ b. faux

Test 35 Préciser la valeur d'un présent de l'indicatif

1. Le présent de l'indicatif est le temps privilégié du discours ancré dans la situation d'énonciation.

☐ a. vrai   ☐ b. faux

2. Dans « Rien ne sert de courir, il faut partir à point. » est utilisé un présent :

☐ a. d'actualité   ☐ b. de vérité générale

☐ c. de vérité historique.

3. Le présent de l'indicatif peut être utilisé à la place d'un passé pour rendre le texte plus vivant.

☐ a. vrai   ☐ b. faux

TEST 36 DISTINGUER LES EMPLOIS DE L'IMPARFAIT ET DU PASSÉ SIMPLE

1. Dans « Il se levait chaque jour à cinq heures du matin. » est utilisé un imparfait :

☐ a. descriptif ☐ b. duratif ☐ c. itératif.

2. Le passé simple est utilisé pour traduire des faits inhabituels.

☐ a. vrai ☐ b. faux

3. L'imparfait et le passé simple sont les temps privilégiés du discours coupé de la situation d'énonciation.

☐ a. vrai ☐ b. faux

TEST 37 EXPLIQUER L'EMPLOI DU CONDITIONNEL

1. Le conditionnel est utilisé pour indiquer qu'une action dépend d'une autre action dont la réalisation est incertaine.

☐ a. vrai ☐ b. faux

2. Le potentiel traduit une action réalisable dans le futur.

☐ a. vrai ☐ b. faux

3. Dans « Il aurait trouvé un chat rouge »,
le conditionnel exprime :

☐ a. un on-dit ☐ b. un sentiment vif

☐ c. une demande polie.

TEST 38 EXPLIQUER L'EMPLOI DU SUBJONCTIF

1. Le subjonctif est utilisé pour exprimer un sentiment.

☐ a. vrai ☐ b. faux

2. L'emploi du subjonctif dans une subordonnée peut dépendre du verbe de la principale.

☐ a. vrai ☐ b. faux

3. Certaines conjonctions de subordination imposent l'utilisation du subjonctif.

☐ a. vrai ☐ b. faux

❚ *Corrigé des tests page 221.*

❚ Nombre de bonnes réponses : ....

❚ Si tu as moins de 10 bonnes réponses, travaille les fiches 34 à 38, pages 111 à 120.

LES FONCTIONS PAR RAPPORT AU VERBE (1)

TEST 39 RECONNAÎTRE UN SUJET

1. Le sujet est toujours exprimé dans une phrase.

☐ a. vrai ☐ b. faux

2. Un adverbe peut être sujet.

☐ a. vrai ☐ b. faux

3. Dans « Que peut bien signifier ce geste ? », le sujet est :

☐ a. « que » ☐ b. « signifier ce geste » ☐ c. « ce geste ».

TEST 40 RECONNAÎTRE UN COMPLÉMENT D'OBJET

1. Un complément d'objet complète un verbe intransitif.

☐ a. vrai ☐ b. faux

2. Le complément d'objet indirect est introduit par une préposition.

☐ a. vrai   ☐ b. faux

3. On peut trouver un complément d'objet direct dans une phrase passive.

☐ a. vrai   ☐ b. faux

TEST 41 **RECONNAÎTRE UN ATTRIBUT DU SUJET**

1. Le verbe « boire » peut introduire un attribut du sujet.

☐ a. vrai   ☐ b. faux

2. Dans « Tout leur paraissait désormais plus agréable. », l'attribut du sujet est :

☐ a. « leur ».   ☐ b. « désormais ».

☐ c. « plus agréable ».

TEST 42 **RECONNAÎTRE UN COMPLÉMENT D'OBJET SECOND**

1. Le complément d'objet second est introduit au moyen de la préposition « par ».

☐ a. vrai   ☐ b. faux

2. Dans « L'hôtesse, par distraction, lui donna une fausse information. », le complément d'objet second est :

☐ a. « par distraction »   ☐ b. « lui »

☐ c. « une fausse information ».

3. Le complément d'objet second peut être :

☐ a. une proposition subordonnée   ☐ b. un verbe conjugué

☐ c. un adverbe.

1. Le complément d'agent n'est utilisé que dans des phrases passives.

☐ a. vrai ☐ b. faux

2. C'est la préposition « de » qui introduit le plus souvent le complément d'agent.

☐ a. vrai ☐ b. faux

3. Le complément d'agent est toujours exprimé.

☐ a. vrai ☐ b. faux

▌ *Corrigé des tests page 221.*

▌ Nombre de bonnes réponses : ....

▌ Si tu as moins de 13 bonnes réponses, travaille les fiches 39 à 43, pages 121 à 130.

LES FONCTIONS PAR RAPPORT AU VERBE (2)

TEST 44 **RECONNAÎTRE UN COMPLÉMENT CIRCONSTANCIEL**

1. Un complément circonstanciel ne peut pas être supprimé dans une phrase.

☐ a. vrai ☐ b. faux

2. Un complément circonstanciel n'est pas toujours introduit par une préposition.

☐ a. vrai ☐ b. faux

RECONNAÎTRE UN COMPLÉMENT CIRCONSTANCIEL DE CAUSE

1. Le complément circonstanciel de cause indique le résultat de l'action exprimée par le verbe dont il dépend.

☐ a. vrai ☐ b. faux

2. Un groupe nominal complément circonstanciel de cause peut être introduit par :

☐ a. « parce que » ☐ b. « au moyen de » ☐ c. « grâce à ».

3. Une indépendante exprimant la cause peut être introduite par :

☐ a. « donc » ☐ b. « car » ☐ c. « or ».

TEST 46 **RECONNAÎTRE UN COMPLÉMENT CIRCONSTANCIEL DE CONSÉQUENCE**

1. Dans « Il pleura suffisamment longtemps pour que nous nous inquiétions. », la subordonnée exprime :

☐ a. « la cause » ☐ b. « la conséquence » ☐ c. « le but ».

2. La conjonction de coordination « donc » exprime la conséquence.

☐ a. vrai ☐ b. faux

TEST 47 **RECONNAÎTRE UN COMPLÉMENT CIRCONSTANCIEL D'OPPOSITION**

1. L'opposition ne peut être exprimée que dans une subordonnée.

☐ a. vrai ☐ b. faux

2. La locution conjonctive « tandis que » peut exprimer l'opposition.

☐ a. vrai ☐ b. faux

3. Le verbe de la subordonnée d'opposition est toujours à l'indicatif.

☐ a. vrai ☐ b. faux

▌ *Corrigé des tests page 221.*

▌ Nombre de bonnes réponses : ....

▌ Si tu as moins de 10 bonnes réponses, travaille les fiches 44 à 47, pages 131 à 138.

LES FONCTIONS PAR RAPPORT AU NOM

TEST 48 **RECONNAÎTRE UNE ÉPITHÈTE**

1. L'épithète est généralement placée à côté du nom qu'elle qualifie.

☐ a. vrai ☐ b. faux

2. On ne peut pas supprimer une épithète dans une phrase.

☐ a. vrai ☐ b. faux

3. L'adjectif qualificatif est toujours épithète.

☐ a. vrai ☐ b. faux

TEST 49 **RECONNAÎTRE UN COMPLÉMENT DE DÉTERMINATION DU NOM**

1. Dans « Les plaisirs de la table seuls l'intéressaient. », le complément de détermination du nom est :

☐ a. « de la table » ☐ b. « seuls » ☐ c. « l' ».

2. Si l'antécédent d'une proposition subordonnée relative est un nom, on dit qu'elle est complément de détermination du nom.

☐ a. vrai ☐ b. faux

3. Dans « Il remporta la partie de haute lutte », « de haute lutte » est complément de détermination du nom.

☐ a. vrai ☐ b. faux

1. L'apposition fait partie d'un groupe nominal.

☐ a. vrai ☐ b. faux

2. L'apposition est toujours séparée du mot qu'elle qualifie par un signe de ponctuation.

☐ a. vrai ☐ b. faux

3. Dans « La ville de Paris est connue, dans le monde entier, pour ses splendides monuments. », l'apposition est :

☐ a. « de Paris » ☐ b. « connue »

☐ c. « dans le monde entier ».

> ▌ *Corrigé des tests page 221.*
>
> ▌ Nombre de bonnes réponses : ....
>
> ▌ Si tu as moins de 8 bonnes réponses, travaille les fiches 48 à 50, pages 139 à 144.

LES FONCTIONS : SYNTHÈSE

TEST 51 **ANALYSER UN COMPLÉMENT INTRODUIT PAR « À »**

1. « à » est :

☐ a. une préposition ☐ b. un verbe ☐ c. un adverbe.

2. « à » peut introduire un complément de détermination du nom.

☐ a. vrai ☐ b. faux

3. Dans « Il sortit bientôt à l'improviste. », « à l'improviste » est :

☐ a. complément circonstanciel

☐ b. complément de détermination du nom

☐ c. complément d'objet indirect.

TEST 52 ANALYSER UN COMPLÉMENT INTRODUIT PAR « DE »

1. Un complément circonstanciel peut être introduit par la préposition « de ».

☐ a. vrai ☐ b. faux

2. Dans « Il ne pense qu'aux vacances. », « aux vacances » est :

☐ a. complément de détermination du nom

☐ b. complément d'objet indirect

☐ c. complément d'objet second.

3. La préposition « de » ne peut pas introduire un mot ou un groupe de mots :

☐ a. complément de l'adjectif ☐ b. complément d'agent

☐ c. complément circonstanciel de but.

TEST 53 INDIQUER LA FONCTION D'UN MOT OU D'UN GROUPE DE MOTS

1. Qu'est-ce qui n'est pas une fonction grammaticale ?

☐ a. attribut du sujet ☐ b. gérondif

☐ c. complément circonstanciel de moyen

2. Quelle fonction grammaticale ne dépend pas d'un verbe ?

☐ a. épithète ☐ b. complément d'objet direct

☐ c. sujet

3. Un même mot peut avoir des fonctions différentes selon l'emploi qui en est fait.

☐ a. vrai ☐ b. faux

▌ *Corrigé des tests page 221.*

▌ Nombre de bonnes réponses : ....

▌ Si tu as moins de 8 bonnes réponses, travaille les fiches 51 à 53, pages 145 à 150.

PHRASE SIMPLE ET PHRASE COMPLEXE

TEST 54 ÉTUDIER UNE PHRASE

1. Une phrase est délimitée par deux signes de ponctuation forts.

☐ a. vrai ☐ b. faux

2. Une phrase nominale est une phrase qui contient un verbe dont le sujet est un nom.

☐ a. vrai ☐ b. faux

3. Une phrase complexe contient toujours :

☐ a. deux indépendantes ☐ b. plusieurs propositions

☐ c. une subordonnée.

TEST 55 CONSTRUIRE UNE PHRASE INTERROGATIVE

1. Une phrase interrogative se termine par un point d'interrogation.

☐ a. vrai ☐ b. faux

2. L'interrogation partielle utilise toujours :

☐ a. un mot interrogatif ☐ b. un pronom interrogatif

☐ c. un pronom relatif.

3. « Pourquoi ? » est un adverbe interrogatif.

☐ a. vrai ☐ b. faux

TEST 56 **DÉCOUPER UNE PHRASE COMPLEXE EN PROPOSITIONS**

1. Une phrase contient autant de propositions que de verbes dont le sujet est exprimé ou sous-entendu.

☐ a. vrai ☐ b. faux

2. Une proposition qui n'introduit pas de subordonnée est :

☐ a. une proposition indépendante. ☐ b. une proposition principale.

☐ c. une proposition incise.

3. Une proposition dont le verbe est sous-entendu est dite « elliptique ».

☐ a. vrai ☐ b. faux

TEST 57 **REPÉRER ET MODIFIER LES LIENS ENTRE LES PROPOSITIONS**

1. La conjonction « car » introduit une proposition :

☐ a. juxtaposée ☐ b. coordonnée ☐ c. subordonnée.

2. La juxtaposition de deux propositions est obtenue grâce à la ponctuation.

☐ a. vrai ☐ b. faux

3. Les pronoms relatifs sont des mots subordonnants.

☐ a. vrai ☐ b. faux

1. Le point-virgule permet de ponctuer une phrase complexe.

☐ a. vrai   ☐ b. faux

2. Une proposition subordonnée en tête de phrase est toujours suivie d'une virgule.

☐ a. vrai   ☐ b. faux

3. La virgule peut délimiter deux propositions indépendantes.

☐ a. vrai   ☐ b. faux

▌ *Corrigé des tests page 222.*

▌ Nombre de bonnes réponses : ....

▌ Si tu as moins de 13 bonnes réponses, travaille les fiches 54 à 58, pages 151 à 160.

LES PROPOSITIONS SUBORDONNÉES

TEST 59 **RECONNAÎTRE ET ANALYSER UNE SUBORDONNÉE CONJONCTIVE**

1. Une subordonnée conjonctive est introduite par :

☐ a. une conjonction de coordination

☐ b. une conjonction de subordination

2. La subordonnée conjonctive complétive est toujours :

☐ a. complément d'objet   ☐ b. complément circonstanciel

☐ c. complément de détermination du nom.

3. Quand on analyse une subordonnée conjonctive, il faut donner sa fonction.

☐ a. vrai   ☐ b. faux

ANALYSER UNE SUBORDONNÉE CONJONCTIVE CIRCONSTANCIELLE

1. « puisque » introduit une subordonnée conjonctive circonstancielle :

☐ a. de conséquence ☐ b. de cause ☐ c. de condition.

2. Il existe des subordonnées conjonctives circonstancielles de moyen.

☐ a. vrai ☐ b. faux

3. Une même conjonction de subordination peut introduire des subordonnées conjonctives circonstancielles différentes.

☐ a. vrai ☐ b. faux

TEST 61 **RECONNAÎTRE ET ANALYSER UNE SUBORDONNÉE RELATIVE**

1. L'antécédent précède toujours le pronom relatif.

☐ a. vrai ☐ b. faux

2. Un pronom relatif peut ne pas avoir d'antécédent.

☐ a. vrai ☐ b. faux

3. La proposition relative est toujours complément de l'antécédent.

☐ a. vrai ☐ b. faux

TEST 62 **RECONNAÎTRE UNE SUBORDONNÉE INTERROGATIVE INDIRECTE**

1. Dans « Je ne sais s'il viendra. », « s'il viendra » est une subordonnée :

☐ a. conjonctive ☐ b. relative ☐ c. interrogative.

2. Une subordonnée interrogative est toujours :

☐ a. COD ☐ b. COI ☐ c. COS.

---

3. « quand » peut être utilisé pour introduire une subordonnée interrogative indirecte.

☐ a. vrai ☐ b. faux

TEST 63 **ÉTUDIER UNE PROPOSITION SUBORDONNÉE**

1. Une subordonnée interrogative peut être introduite par une conjonction de subordination.

☐ a. vrai ☐ b. faux

2. La subordonnée relative peut être utilisée sans antécédent.

☐ a. vrai ☐ b. faux

3. Étudier une proposition subordonnée, c'est donner :

☐ a. sa nature ☐ b. sa fonction ☐ c. sa nature et sa fonction.

TEST 64 **PASSER DU DISCOURS DIRECT AU DISCOURS INDIRECT**

1. Au discours direct, l'identité du locuteur est précisée dans une proposition incise.

☐ a. vrai ☐ b. faux

2. « "Viens de suite !", me dit-elle » donne au discours indirect : « Elle me dit...

☐ a. que je vienne de suite. » ☐ b. de venir de suite. »

3. Au discours indirect est privilégié l'emploi des pronoms de la troisième personne.

☐ a. vrai ☐ b. faux

▌ *Corrigé des tests page 222.*

▌ Nombre de bonnes réponses : ....

▌ Si tu as moins de 15 bonnes réponses, travaille les fiches 59 à 64, pages 161 à 172.

VOCABULAIRE

TEST 65 | TROUVER UN SYNONYME OU UN CONTRAIRE

1. Deux synonymes ont un sens très proche.

□ a. vrai   □ b. faux

2. Un antonyme est :

□ a. un mot dont la prononciation est différente.

□ b. un mot dont le sens est opposé.

3. Deux antonymes doivent avoir la même nature grammaticale.

□ a. vrai   □ b. faux

TEST 66 | DONNER LE SENS D'UN MOT OU D'UNE EXPRESSION

1. Le champ sémantique d'un mot, c'est l'ensemble de ses significations.

□ a. vrai   □ b. faux

2. Donner le sens d'un mot, c'est donner le sens qu'il a dans le texte où il est utilisé.

□ a. vrai   □ b. faux

3. La définition d'un mot doit correspondre à :

□ a. un synonyme   □ b. une phrase rédigée

□ c. l'analyse de son étymologie.

TEST 67 | RÉEMPLOYER UN MOT AVEC UN SENS DIFFÉRENT

1. On appelle « polysémie » la faculté qu'a un mot d'avoir plusieurs significations.

□ a. vrai   □ b. faux

2. Réemployer un mot avec un sens différent signifie changer son sens contextuel.

☐ a. vrai ☐ b. faux

3. Un même mot peut avoir un sens concret et un sens abstrait.

☐ a. vrai ☐ b. faux

TEST 68 ÉTUDIER UN CHAMP LEXICAL

1. Un champ lexical regroupe :

☐ a. des synonymes. ☐ b. des homonymes.

☐ c. des mots renvoyant à un même thème.

2. Les mots qui appartiennent à un même champ lexical ont la même nature grammaticale.

☐ a. vrai ☐ b. faux

3. Un même mot peut appartenir à des champs lexicaux différents.

☐ a. vrai ☐ b. faux

TEST 69 DONNER DES MOTS DE LA MÊME FAMILLE

1. « Cheval » et « canasson » sont deux mots de la même famille.

☐ a. vrai ☐ b. faux

2. Le suffixe :

☐ a. précède le radical ☐ b. suit le radical.

3. Les mots d'une même famille peuvent avoir une nature grammaticale différente.

☐ a. vrai ☐ b. faux

1. Un adverbe en « -ment » se forme à partir :

   ☐ a. d'un verbe   ☐ b. d'un nom   ☐ c. d'un adjectif.

2. Certains adverbes peuvent s'écrire « -ament ».

   ☐ a. vrai   ☐ b. faux

3. Dans « méprisable », le suffixe est « -able ».

   ☐ a. vrai   ☐ b. faux

TEST 71 **INDIQUER LE REGISTRE DE LANGUE D'UN MOT OU D'UNE EXPRESSION**

1. Le mot « clebs » appartient à un registre de langue :

   ☐ a. soutenu   ☐ b. courant   ☐ c. familier.

2. L'emploi de figures de style révèle un registre de langue soutenu.

   ☐ a. vrai   ☐ b. faux

3. Un registre de langue peut être défini aussi par la syntaxe.

   ☐ a. vrai   ☐ b. faux

▐ *Corrigé des tests page 222.*

▐ Nombre de bonnes réponses : ....

▐ Si tu as moins de 14 bonnes réponses, travaille les fiches 65 à 71, pages 173 à 186.

COMPRÉHENSION DE TEXTE

TEST 72 INDIQUER LE TYPE D'UN TEXTE

1. Identifier le type d'un texte, c'est indiquer si c'est un roman, un poème, un article…

☐ a. vrai ☐ b. faux

2. Le texte narratif privilégie l'emploi :

☐ a. des connecteurs temporels

☐ b. des connecteur spatiaux

☐ c. des connecteurs logiques.

3. Le texte argumentatif développe une réflexion personnelle.

☐ a. vrai ☐ b. faux

TEST 73 DONNER UN TITRE À UN TEXTE

1. Quand on donne un titre à un texte, on doit surtout tenir compte du titre du livre auquel le texte appartient.

☐ a. vrai ☐ b. faux

2. Un titre doit apparaître de préférence sous la forme :

☐ a. d'une phrase nominale ☐ b. d'une phrase verbale.

3. Pour donner un titre à un texte, il faut au préalable en faire le plan.

☐ a. vrai ☐ b. faux

TEST 74 ÉTUDIER LA COMPOSITION D'UN TEXTE

1. Étudier la composition d'un récit, c'est en délimiter les grandes parties et les titrer.

☐ a. vrai ☐ b. faux

2. Pour délimiter les différentes parties d'un texte, il faut :

☐ a. identifier le narrateur   ☐ b. définir le champ lexical dominant

☐ c. relever les connecteurs (temporels, spatiaux, etc.).

3. Un récit peut contenir des passages descriptifs et des passages narratifs.

☐ a. vrai   ☐ b. faux

TEST 75 **ANALYSER LE CARACTÈRE D'UN PERSONNAGE**

1. Les sentiments éprouvés par un personnage révèlent ses traits de caractère.

☐ a. vrai   ☐ b. faux

2. Le caractère d'un personnage peut être révélé par ses paroles et ses pensées.

☐ a. vrai   ☐ b. faux

3. Le portrait moral d'un personnage peut être associé à son portrait physique.

☐ a. vrai   ☐ b. faux

▊ *Corrigé des tests page 222.*

▊ Nombre de bonnes réponses : ....

▊ Si tu as moins de 10 bonnes réponses, travaille les fiches 72 à 75, pages 187 à 194.

LE SUJET D'IMAGINATION

TEST 76 **CONSTRUIRE UN RÉCIT**

1. Construire un récit, c'est construire un texte narratif.

☐ a. vrai   ☐ b. faux

2. Dans un récit est privilégié l'emploi des connecteurs :

☐ a. temporels   ☐ b. spatiaux   ☐ c. logiques.

3. Un récit est généralement construit selon un plan chronologique.

☐ a. vrai   ☐ b. faux

TEST 77 **IMAGINER UNE SUITE À UN RÉCIT**

1. Quand on imagine une suite de récit, il est important de savoir qui raconte l'histoire.

☐ a. vrai   ☐ b. faux

2. Il ne faut pas faire d'introduction pour une suite de récit.

☐ a. vrai   ☐ b. faux

3. Une suite de texte doit utiliser les mêmes temps que ceux du texte de référence.

☐ a. vrai   ☐ b. faux

TEST 78 **RÉÉCRIRE UN RÉCIT SELON UN AUTRE POINT DE VUE**

1. Changer de point de vue narratif, c'est changer le regard avec lequel sont perçus les événements.

☐ a. vrai   ☐ b. faux

2. Quand on réécrit un texte en changeant le point de vue, on rend compte généralement :

☐ a. de tous les événements qu'il contient ;

☐ b. d'une partie des événements qu'il contient.

3. Tous les personnages présents dans le texte de référence doivent obligatoirement être présents dans le texte réécrit en changeant le point de vue.

☐ a. vrai   ☐ b. faux

TEST 79 **FAIRE UNE DESCRIPTION**

1. Une description utilise de préférence des connecteurs :

☐ a. temporels   ☐ b. spatiaux   ☐ c. logiques.

---

2. Dans une description, il est important de définir qui voit.

☐ a. vrai ☐ b. faux

3. Une description privilégie l'emploi :

☐ a. du passé simple de l'indicatif ☐ b. de l'imparfait de l'indicatif.

TEST 80 FAIRE UN PORTRAIT

1. Quand il s'agit de décrire un personnage, on parle de portrait.

☐ a. vrai ☐ b. faux

2. On ne doit décrire, dans un portrait, que les traits physiques du personnage.

☐ a. vrai ☐ b. faux

3. Faire un portrait en action, c'est décrire un personnage qui est mis en scène.

☐ a. vrai ☐ b. faux

TEST 81 INVENTER UN DIALOGUE

1. Le dialogue privilégie l'emploi du :

☐ a. discours direct ☐ b. discours indirect

☐ c. discours indirect libre.

2. Un dialogue commence toujours par des guillemets.

☐ a. vrai ☐ b. faux

3. Le tiret marque le changement de locuteur.

☐ a. vrai ☐ b. faux

▌ *Corrigé des tests page 222.*

▌ Nombre de bonnes réponses : ....

▌ Si tu as moins de 15 bonnes réponses, travaille les fiches 76 à 81, pages 195 à 206.

LE SUJET DE RÉFLEXION

TEST 82 **COMPRENDRE UN SUJET DE RÉFLEXION**

1. Traiter un sujet de réflexion, c'est produire un texte argumentatif.

☐ a. vrai   ☐ b. faux

2. Traiter un sujet de réflexion, c'est donner son opinion personnelle.

☐ a. vrai   ☐ b. faux

TEST 83 **CONSTRUIRE UN PLAN DIALECTIQUE**

1. Traiter un sujet de réflexion, c'est rédiger un récit.

☐ a. vrai   ☐ b. faux

2. Construire un plan dialectique, c'est peser le pour et le contre.

☐ a. vrai   ☐ b. faux

3. « mais » est un connecteur logique exprimant :

☐ a. l'accumulation   ☐ b. l'opposition   ☐ c. la conséquence.

TEST 84 **CONSTRUIRE UN PLAN THÉMATIQUE**

1. Un plan thématique peut reposer sur trois paragraphes.

☐ a. vrai   ☐ b. faux

2. La défense d'un point de vue s'appelle :

☐ a. un réquisitoire   ☐ b. un plaidoyer.

3. « de plus » est un connecteur logique exprimant :

☐ a. la déduction   ☐ b. l'accumulation   ☐ c. la cause.

---

1. Le développement d'un sujet de réflexion se compose de paragraphes informatifs.

   ☐ a. vrai   ☐ b. faux

2. Un paragraphe argumentatif sert à prouver la justesse :

   ☐ a. d'une opinion   ☐ b. d'un fait.

3. Une opinion est indiscutable :

   ☐ a. vrai   ☐ b. faux

TEST 86 **ILLUSTRER UN ARGUMENT PAR DES EXEMPLES**

1. Un exemple est un fait situé dans un temps et/ou un espace définis.

   ☐ a. vrai   ☐ b. faux

2. Un exemple peut servir à illustrer un argument.

   ☐ a. vrai   ☐ b. faux

3. Un paragraphe argumentatif peut contenir plusieurs exemples.

   ☐ a. vrai   ☐ b. faux

TEST 87 **INTRODUIRE UN SUJET DE RÉFLEXION**

1. Un sujet de réflexion doit toujours contenir une introduction.

   ☐ a. vrai   ☐ b. faux

2. La dernière partie d'une introduction de sujet de réflexion annonce :

   ☐ a. le plan   ☐ b. le sujet.

3. Si le sujet contient une citation, il faut la reproduire dans l'introduction d'un sujet de réflexion.

   ☐ a. vrai   ☐ b. faux

1. La conclusion d'un sujet de réflexion contient :

☐ a. une seule partie ☐ b. plusieurs parties.

2. La prise de position définitive est indiquée au tout début d'une conclusion de sujet de réflexion.

☐ a. vrai ☐ b. faux

3. Une conclusion de sujet de réflexion peut commencer par :

☐ a. « par ailleurs » ☐ b. « enfin » ☐ c. « en définitive ».

▌ *Corrigé des tests page 222.*

▌ Nombre de bonnes réponses : ....

▌ Si tu as moins de 18 bonnes réponses, travaille les fiches 82 à 88, pages 207 à 220.

1 ACCORDER LE VERBE AVEC SON SUJET

JE RETIENS

Tu sais que le verbe s'accorde avec le sujet. La question « qui est-ce qui ? » (pour les êtres animés) ou « qu'est-ce qui ? » (pour les êtres inanimés), posée avant le verbe, permet de trouver le sujet.
Ex. : *Les locomotives brisaient le silence de la nuit.*

▋ Si le sujet est le pronom indéfini « on », le verbe se met au singulier.
Ex. : *On ne pouvait jamais lui parler de son passé.*

▋ Si le sujet est le pronom relatif « qui », le verbe s'accorde avec l'antécédent du pronom (voir fiche 61, page 165).
Ex. : *Les mineurs qui remontaient du puits étaient épuisés.*

▋ Si le sujet est un adverbe de quantité suivi d'un complément, le verbe s'accorde avec le complément.
Ex. : *Beaucoup d'argent se dépensait ce jour-là. / Beaucoup de personnes se plaignaient.*

▋ Si le sujet est le pronom démonstratif « ce » (ou « c' ») suivi du verbe « être », le verbe se met au pluriel si son attribut est au pluriel ou s'il contient une énumération.
Ex. : *C'étaient des discussions à n'en plus finir.*
Si le sujet est un nom collectif au singulier suivi d'un complément au pluriel, le verbe s'accorde avec l'un ou l'autre selon la signification souhaitée.

▋ **Remarque** : Attention ! Le sujet est souvent inversé.
Ex. : *Au-delà de la forêt s'étendaient de vastes plaines.*

JE VÉRIFIE

	vrai	faux
1. Le verbe se met au singulier si le sujet est le pronom indéfini « on ».	☐	☐
2. Le verbe « être » précédé du pronom démonstratif « ce » se met toujours au pluriel.	☐	☐

1. vrai – 2. faux ; il se met au singulier si l'attribut est au singulier.

---

1 Écris le verbe au présent de l'indicatif.

1. Les sorcières (se réunir) .... les jours de pleine lune. – 2. Dans la forêt (vivre) .... des cerfs, des sangliers mais aussi des oiseaux. – 3. On ne le (voir) .... jamais travailler. – 4. Dans ces rayonnages (s'aligner) .... tous les livres qui (m'appartenir) .... – 5. Une foule d'admiratrices (se précipiter) .... sur le chanteur. – 6. On l'(emmener) .... sur l'échafaud où (se tenir) .... déjà le bourreau. – 7. Un fruit et un morceau de fromage (suffire) .... à mon repas.– 8. Beaucoup d'élèves (passer) .... cet examen.

2 Les verbes sont-ils correctement accordés ? Écris O (oui) ou N (non).

1. Les Indiens fument le calumet de la paix (…). – 2. Une multitude d'astuces améliore la vie de tous les jours (…). – 3. C'est les filles de la voisine (…). – 4. Des boucles d'oreilles, des broches, des pendentifs garnisse la vitrine du bijoutier (…). – 5. La cuisinière lave, épluche, coupe les légumes (…). – 6. Sur le champ de bataille gît de nombreux blessés (…). – 7. C'est en été qu'on part en vacances (…).

3 Écris le verbe au présent de l'indicatif.

1. Dans le ciel (s'amonceler) .... de gros nuages noirs. – 2. Nous admirons les patineurs qui (s'élancer) .... sur la glace. – 3. Une lueur d'espoir (briller) .... dans ses yeux. – 4. Dans la cage (s'ébattre) .... et (crier) .... toutes sortes d'oiseaux multicolores. – 5. Des chaussettes, des pulls, des chemises (s'entasser) .... au pied de son lit. – 6. Dans les greniers (se cacher) .... de véritables trésors. – 7. Ce sont toujours eux qui (gagner) ....– 8. Les voyageurs qui n'(avoir) .... pas de billet resteront à terre. – 9. Les feuilles mortes qui (joncher) .... la pelouse devront toutes être ramassées.

Aide : *Souviens-toi que le sujet peut être inversé.*

Corrigé des exercices page 223

2 ACCORDER UN ADJECTIF QUALIFICATIF

JE RETIENS

■ Tu dois savoir que l'adjectif qualificatif **s'accorde en genre et en nombre** avec le nom (ou le pronom) auquel il se rapporte. Le plus souvent, on forme son pluriel en ajoutant « s ».

Ex. : *La mare accueillait chaque été toutes sortes d'oiseaux migrateurs.*

Si un adjectif **se rapporte à plusieurs noms singuliers** coordonnés ou juxtaposés, tu dois le mettre au pluriel et lui donner leur genre, sachant que le masculin l'emporte sur le féminin.

Ex. : *Il m'ont donné un pantalon et une veste trop grands.*

■ Les **adjectifs composés** s'accordent s'ils sont formés de deux adjectifs qualificatifs.

Ex. : *des hommes ivres morts, des femmes ivres mortes*, etc.

Le premier adjectif demeure cependant invariable s'il a la valeur d'un adverbe.

Ex. : *des personnes haut placées, des femmes court-vêtues*, etc.

■ Les **adjectifs de couleur** s'accordent s'il s'agit d'adjectifs simples (formés d'un seul mot).

Ex. : *des chaussures grises, des voitures bleues* (mais *des citrouilles jaune vif*).

Toutefois, si l'adjectif est dérivé d'un nom, il demeure invariable.

Ex. : *des écorces marron, des yeux noisette*, etc.

JE VÉRIFIE

	vrai	faux
1. Dans un adjectif qualificatif composé, seul s'accorde le premier élément.	☐	☐
2. Les adjectifs qualificatifs de couleur composés s'accordent.	☐	☐

1. faux ; en général, les deux éléments s'accordent. – 2. faux ; seuls les adjectifs de couleur simples s'accordent.

1 **Accorde les adjectifs qualificatifs en italique.**

1. Il était à la fois un peintre et un architecte *remarquable*...
2. Cet homme faisait preuve d'une bonté et d'un dévouement *rare*...
3. Ce chevalier témoignait d'une hardiesse, d'une témérité, d'une audace *inouï*...
4. Mon frère et ma sœur sont tous les deux *intelligent*...
5. Dans le désert, on peut souffrir d'un froid et d'une chaleur *excessif*...
6. Une fois encore, je relis ce livre avec un ravissement et une joie *extrême*...
7. Des gouttes *chaud*... et *collant*... coulaient sur son visage en sueur.
8. Dans les blés *haut*... et *doré*... se tapit un renard.

2 **Écris les adjectifs qualificatifs suivants au pluriel.**

1. des paroles (aigre-doux) ....
2. des agneaux (nouveau-né) ....
3. des gens (haut placé) ....
4. des mots (aigre-doux) ....
5. des vêtements (cher payé) ....
6. des filles (court vêtu) ....
7. des paysages (clair-obscur) ....
8. des enfants (sourd-muet) ....
9. des contes (franc-comtois) ....

Aide : *Le premier élément reste invariable s'il a la valeur d'un adverbe.*

3 **Écris comme il convient les adjectifs qualificatifs de couleur.**

1. Il lui offrit un bouquet composé de roses (blanc) . . ..
2. Les poilus portaient des uniformes (bleu horizon). ....
3. Les cieux (bleu azur) .... devinrent tout à coup (noir) . ...
4. Des mouettes (gris perle) .... picoraient les miettes de nos sandwiches.
5. Des libellules (bleu pâle) .... voletaient au-dessus de l'étang.
6. Les hommes portaient des chapeaux (vert) .... et les femmes, des foulards (bleu) ....
7. Malgré son jeune âge, il avait déjà des cheveux (poivre et sel) ....
8. La vendeuse lui proposa des étoffes (vert réséda) .... et des rubans (saumon) ....

Corrigé des exercices page 223

3 ACCORDER UN PARTICIPE PASSÉ

JE RETIENS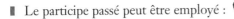

▌ Le participe passé peut être employé :

– **avec l'auxiliaire « être »** : dans
ce cas, il s'accorde en genre et en
nombre avec le sujet ;
Ex. : *La nuit était tombée. Les chim-
panzés furent aussitôt réveillés.*

– **avec l'auxiliaire « avoir »** : dans ce cas,
il s'accorde en genre et en nombre avec le
complément d'objet direct si celui-ci est
placé avant le verbe ;
Ex. : *Je gagnai la chambre qu'on m'avait réservée* (accord avec le COD « qu' »
mis pour « la chambre »).

– **sans auxiliaire** : dans ce cas, il s'accorde, comme un véritable adjectif,
en genre et en nombre, avec le nom auquel il se rapporte.
Ex. : *Vite fatiguées de ses vantardises, les jeunes filles rentrèrent chez elles.*

▌ Le participe passé **suivi d'un infinitif** s'accorde en genre et en nombre
avec le pronom placé avant lui uniquement si ce pronom fait l'action indiquée par l'infinitif.
Ex. : *Les voisins sont chez eux : je les ai entendus rentrer.*

JE VÉRIFIE

	vrai	faux
1. Pour accorder un participe passé utilisé avec l'auxiliaire « avoir », il faut chercher le complément d'objet direct.	☐	☐
2. Le participe passé suivi d'un infinitif ne s'accorde jamais.	☐	☐

---

1. vrai – 2. faux ; il s'accorde si le pronom qui précède fait l'action de l'infinitif.

1 **La forme du participe passé indiquée est-elle exacte ?**
Inscris O (oui) ou N (non).

1. voyager : voyagé (......) – 2. acquérir : acquéri (......) – 3. gravir : gravi (......)
– 4. boire : bu (......) – 5. cueillir : cueillé (......) – 6. résoudre : résolu (......) –
7. relire : reli (......) – 8. mourir : mouru (......) – 9. couvrir : couvri (......) –
10. souffrir : souffert (......).

2 **Complète la phrase par le participe passé correctement accordé.**

1. Madame Mussche a (saupoudrer) .... ce plat de persil qu'elle a
(hacher) .... – 2. Julie est (venir) .... vers lui. – 3. Elle était
(vêtir) .... d'une robe claire. – 4. Nos jardiniers ont (arracher) ....
.... les mauvaises herbes. – 5. As-tu (prendre) .... tes médicaments ? – 6. L'enfant a (remplir) .... son panier de cerises. – 7. Elle est
(prendre) ...... au piège. – 8. Si mon frère avait (apprendre) .... ses
leçons, il n'aurait pas (hésiter) .... – 9. Son visage est (brûler) ......
...... par le soleil. – 10. Ses chaussures étaient (trouer) ....

3 **Accorde le participe passé si nécessaire.**

1. Voici des cadeaux que j'ai *choisi*... – 2. J'ai pris la marchandise qu'on
m'avait *destiné*... – 3. L'araignée a *tissé*... une toile au coin du mur. –
4. L'émission qu'ils ont *regardé*... était passionnante. – 5. Je vous paierai
bientôt la facture que vous m'avez *envoyé*... – 6. Nous avons *mangé*... la
galette des rois. – 7. Leur fille, comment l'ont-ils *appelé*... ? – 8. Ils ont *célé-
bré*... leurs noces d'or. – 9. Je ne dirai à personne les secrets qu'elle m'a
confié... – 10. Il m'a *apporté*... des bonbons.

Aide : *C'est le cas pour six d'entre eux.*

4 **Le participe passé est-il bien accordé ? Inscris O (oui) ou N (non).**

1. La fille que j'ai *entendue* chanter est ma cousine (...). – 2. Ces arbres que
j'ai *vu* planter ont déjà dix ans (...). – 3. Cet homme que j'avais *entendu* parler vient d'arriver (...). – 4. Ce sont mes amis, je les ai *regardé* partir (...). –
5. Cette journaliste, je l'ai *entendu* parler à la radio (...).

Corrigé des exercices page 223

4 ACCORDER « TOUT » SI NÉCESSAIRE

JE RETIENS

▌ Tu dois retenir que « tout » ne varie, en genre et en nombre, que s'il est adjectif ou pronom.

– « Tout » est **adjectif** quand il qualifie :
un nom : *tout enfant, tous les enfants, toute personne, toutes les personnes...*
un pronom : *tout cela, tous ceux-là, tous ceux qui..., toutes celles qui...*
– « Tout » est **pronom** quand il remplace un nom.
Ex. : *Tout lui plaisait. Il accordait à tous des privilèges inconsidérés.*

▌ « Tout » peut être également **adverbe :** il se rapporte alors à un adjectif qualificatif, à un participe passé ou à un adverbe et signifie « tout à fait », « entièrement » ; dans ce cas il ne s'accorde que devant un adjectif qualificatif ou un participe passé féminin commençant par une consonne ou un « h » aspiré.
Ex. : *La jeune fille, tout épouvantée, toute hagarde, menaçait d'un couteau sa famille toute bouleversée.*

▌ **Remarque** : La pupart des locutions ou expressions employant « tout » s'écrivent au singulier ; peuvent s'écrire au singulier ou au pluriel : *à tout moment, de toute part, pour toute raison, de toute sorte, en tous temps.*

JE VÉRIFIE

	vrai	faux
1. Lorsque « tout » qualifie un nom ou un pronom, il s'accorde.	☐	☐
2. « tout » est pronom, donc variable en genre et en nombre, quand il remplace un nom.	☐	☐
3. « tout », adverbe, s'accorde quand il est placé devant un adjectif qualificatif ou un participe passé féminin commençant par une voyelle.	☐	☐

1. vrai – 2. vrai – 3. faux ; il faut, dans ce cas, qu'ils commencent par une consonne ou un « h » aspiré.

1 Complète avec « tout » correctement accordé.

1. .... les animaux. – 2. .... leur troupeau. – 3. .... ces pommes. –
4. .... les arbres. – 5. .... son travail. – 6. .... les insectes. –
7. .... ses folies. – 8. .... mes amies. – 9. .... ces bijoux. –
10. .... la vie.

2 Même exercice.

1. Elles sont .... habillées de blanc. – 2. Les arbres sont .... couverts
de givre. – 3. Les élèves ont reçu des livres .... neufs. – 4. Ses cheveux
étaient .... décoiffés. – 5. Pendant sa maladie, elle était .... pâle. –
6. J'ai cueilli cette rose encore .... humide de rosée. – 7. Il fut ....
étonné de la rencontrer. – 8. Il rentra chez lui, le visage .... ensanglanté.
– 9. Tant de maladresse la rendait .... honteuse. – 10. Après la bagarre,
ses vêtements étaient .... déchirés.

> Aide : *« tout » ne s'accorde pas quand il a le sens de « entièrement », « tout à fait »
> – car alors c'est un adverbe –, sauf devant un adjectif ou un participe féminins
> commençant par une consonne ou un « h » aspiré.*

3 Même exercice.

1. .... compte fait.
2. .... à fait.
3. de .... temps.
4. à .... propos.
5. risquer le .... pour le ....
6. à .... à l'heure.
7. à .... âge.
8. à .... heure.
9. de .... façon.
10. en .... cas.
11. à .... hasard.
12. de .... sorte.

Corrigé des exercices page 223

5 CHOISIR L'HOMOPHONE QUI CONVIENT (1)

JE RETIENS

▌ Ne confonds pas « **a** » et « **à** » :

– « a » est la troisième personne du singulier du verbe ou de l'auxiliaire « avoir » au présent de l'indicatif ; on peut le remplacer par « avait » ;

Ex. : *Marie a de jolies fleurs : elle n'a pas voulu les couper.*

– « à » est la préposition.

Ex. : *Il mangeait à longueur de journée.*

▌ Ne confonds pas « **et** » et « **est** » :

– « et » est une conjonction de coordination (voir fiche 28, page 99) signifiant « et puis » ;

Ex. : *L'animal vacilla quelques instants et tomba tout à coup, foudroyé.*

– « est » est la troisième personne du singulier du verbe ou de l'auxiliaire « être » au présent de l'indicatif ; on peut le remplacer par « était ».

Ex. : *Il est certain que tout le monde est parti dès la tombée de la nuit.*

▌ Ne confonds pas « **ou** » et « **où** » :

– « ou » est la conjonction de coordination signifiant « ou bien » ;

Ex. : *J'irai là-bas en voiture ou en train.*

– « où » est soit un adverbe de lieu : *Où iras-tu en vacances cette année ?*, soit un pronom relatif : *Le col où passait le Tour de France était perdu dans le brouillard.*

JE VÉRIFIE

	vrai	faux
1. On écrit « à » quand on peut dire « avait ».	☐	☐
2. On écrit « et » quand on peut dire « et puis ».	☐	☐
3. On écrit « où » quand il s'agit du pronom relatif.	☐	☐

1. faux – 2. vrai – 3. vrai ; « où » est aussi un adverbe de lieu.

1 Complète par « a » ou « à ».

1. Il est arrivé … l'heure. – 2. Comme il pleut … verse, elle … mis son imperméable. – 3. Ce chien … soif, il faut lui donner … boire. – 4. Il … acheté un billet de train pour aller … Paris. – 5. L'été prochain, s'il en … la possibilité, il ira … l'étranger. – 6. Ouf ! Il … réussi ! – 7. Au bout de la chaîne, on obtient une voiture prête … rouler. – 8. … lui seul, il aurait vaincu la terre entière. – 9. Il … pris la décision de renoncer … l'héritage. – 10. Elle … disparu sans même laisser un mot.

2 Complète par « et » ou « est ».

1. Il … midi … j'ai faim. – 2. Ses vêtements … ses chaussures sont tout neufs. – 3. Il s'… enfermé dans sa chambre … ne veut plus en sortir. – 4. Avec ses yeux bleus … ses cheveux blonds, cet enfant … angélique. – 5. Les fenêtres … la façade de cette maison sont repeintes chaque année. – 6. Dans ce salon de coiffure, on m'a offert du thé … des petits gâteaux. – 7. Il … temps de partir. – 8. Depuis toujours, croyances, légendes … superstitions rythment notre vie. – 9. Elle … régulièrement victime de cauchemars. – 10. Cette tribu vivait sur une terre aride … hostile.

3 Complète soit par « ou », soit par « où ».

1. … est-il ? Dans sa chambre … dans le jardin ? – 2. C'est un magasin … on trouve de tout. – 3. … ai-je posé mon stylo ? – 4. … tu te décides à travailler, … tu seras privé de sorties. – 5. … préfères-tu aller ? Au cinéma … au théâtre ? – 6. Je serais curieux de savoir … je finirai ma vie. – 7. Il ne sait s'il doit prendre le train … l'avion. – 8. Il prenait indifféremment l'aspect d'un homme … d'une femme. – 9. L'homme recherché habite Mulhouse, … ses parents vivent encore. – 10. Elle a perdu ses lunettes et se demande … elles sont.

Corrigé des exercices page 223

6 CHOISIR L'HOMOPHONE QUI CONVIENT (2)

JE RETIENS

▍ Ne confonds pas « **son** » et « **sont** » :

– « son » est un adjectif possessif, toujours associé à un nom commun ;
Ex. : *Son avenir lui paraissait aussi flou que son passé.*

– « sont » est la troisième personne du pluriel du verbe ou de l'auxiliaire « être » ; on peut le remplacer par « étaient ».
Ex. : *Ce sont les cris des femmes et des enfants qui nous sont parvenus les premiers.*

▍ Ne confonds pas « **quand** » et « **quant** » :

– « quand » est soit un adverbe interrogatif : *Je me demande quand nous pourrons partir*, soit une conjonction de subordination marquant le temps : *Quand l'occasion se présente, il faut savoir la saisir.*

– « quant » est une locution prépositive toujours suivie de « à » (parfois contractée en « au » ou « aux ») et signifiant « en ce qui concerne ».
Ex. : *Quant à ses inquiétudes, je lui conseillai de les oublier.*

▍ Ne confonds pas « **se** » et « **ce** » :

– « se » est un pronom personnel réfléchi, élément d'un verbe pronominal ; on peut le remplacer par « me », par exemple, en conjugant ce verbe à la première personne.
Ex. : *Toute la famille se réveilla au moment où le soleil se levait.*

– « ce » est soit un adjectif démonstratif : *Le ruisseau coupait ce village en deux*, soit un pronom démonstratif (on peut alors le remplacer par « cela ») :
Ce ne peut être que la vérité.

JE VÉRIFIE

	vrai	faux
1. On écrit « quant » lorsqu'il y a indication de temps.	☐	☐
2. Pour conjuguer un verbe pronominal, on utilise le pronom réfléchi « se ».	☐	☐

1. faux – 2. vrai ; à l'infinitif ou à la troisième personne du singulier et du pluriel.

1 Complète par « son » ou « sont ».

1. Quand aura-t-il fini …… travail ?
2. Ce …… des livres que …… père lui a prêtés.
3. Curieusement, …… chien et …… chat …… inséparables.
4. Dans …… pays, ce …… les parents qui décident du mariage de leurs enfants.
5. …… ami lui a apporté un cadeau pour …… anniversaire.
6. On a malheureusement découvert …… sac et ses papiers en rase campagne.
7. Il vient de prendre possession de …… nouvel appartement.
8. Ils ignorent qu'ils …… surveillés par la police.
9. Elle raconte à tous …… incroyable aventure.

2 Complète par « quand » ou « quant ».

1. Tu peux venir ……… tu veux.
2. ……… à savoir ce qu'il en pense, c'est difficile.
3. C'est ……… on est jeune qu'on apprend le mieux.
4. ……… bien même tu ne le voudrais pas, je le ferai ……… même.
5. ……… il a pris la parole, toute l'assistance s'est tue.
6. ……… à cette personne, je ne veux même pas en entendre parler !
7. ……… te décideras-tu à faire ton travail ?
8. Nous nous mettons à table ……… la pendule sonne midi.
9. ……… le temps le permet, j'aime à me promener dans les bois.

3 Complète par « ce » ou « se ».

1. … matin, … garnement ne s'est même pas lavé.
2. Il … produit parfois des phénomènes étranges.
3. Je sais très bien … que je souhaite.
4. Doit-il … réjouir de … succès ?
5. … nouveau comité … réunira tous les mois.
6. Dans la cour de récréation, les enfants … disputaient la balle.
7. Quand … sera fermé, il sera trop tard.
8. Depuis des années, il … bat pour que la vérité soit établie.
9. J'imagine très bien … magnifique tableau dans mon salon.

Corrigé des exercices page 224

7 METTRE L'ACCENT QUI CONVIENT

JE RETIENS

■ Le savais-tu ?

– On met un **accent aigu** sur la lettre « e » si elle est la dernière lettre de la syllabe et si la syllabe suivante ne contient pas de « e » muet : *s'étendre*, *téléphone*, *tiédeur*, etc.

– On met un **accent grave** sur la lettre « e » si la syllabe suivante contient un « e » muet (exception : *événement*) : *sèche*, *atmosphère* et dans certains monosyllabiques (mots ne contenant qu'une syllabe) : *près*, *très*, etc.
On peut également mettre un accent grave sur les lettres « a » et « u », en particulier dans certains monosyllabiques : *là*, *où*, etc.

– L'**accent circonflexe** remplace souvent un « s » aujourd'hui disparu (mais encore présent dans certains dérivés) : *pâte*, *mêler*, *ci-gît*, *hôte*, *brûlant*, etc.

■ Retiens également :
– On écrit « **e** » **sans accent** :
• devant une consonne prononcée : *ciel*, *cyclamen*, etc. ;
• devant deux consonnes, sauf si la seconde est « l » ou « r » : *essence*, *persifler*, mais *pègre*, *siècle*, etc. ;
• devant la consonne « x » : *examen*, *exagérer*, etc.
– L'accent permet souvent de distinguer des homonymes : *pré/prêt/près*, *chanta/chantât*, *eut/eût*, *sur/sûr*, etc.

JE VÉRIFIE

	vrai	faux
1. Les mots suivants sont bien accentués : *événement, pôle, abîme, pâtre, carrière*.	☐	☐
2. On écrit « e » avec un accent aigu devant la consonne « x ».	☐	☐

1. vrai – 2. faux ; on l'écrit au contraire sans accent.

1 **Accentue les mots suivants comme il convient.**

1. reverbere   2. depute   3. mystere   4. reunion   5. cacahuete
6. president   7. revetement   8. millenaire   9. congres

2 **Réécris les mots mal accentués.**

1. nucléaire : ....
2. hopital : ....
3. rôle : ....
4. honnète : ....
5. épreuve : ....

6. cérèbral : ....
7. controle : ....
8. débût : ....
9. trève : ....
10. rêgle : ....

Aide : *Il y en a sept à réécrire.*

3 **Accentue le mot en italique, si nécessaire.**

1. C'est *sur*, monsieur Chenet est amateur de grands crus.
2. Les tuiles du vieux mur sont peu *sures*.
3. Ces fruits sont *murs* : il faut les cueillir.
4. Rien qu'*a* le voir, on sait *a* qui on a affaire.
5. L'hôtel est *a peu pres* vide en cette saison.
6. Nous sommes *prets* à vous aider.

4 **Complète par « o » ou « ô ».**

1. C'est son r...le.
2. Jean porte un pull à c...tes.
3. Juliette a obtenu son dipl...me.
4. Un gn...me est assis sur le tr...ne.
5. Sa voiture doit subir un contr...le technique.
6. Elle présente les sympt...mes de la rouge...le.

Corrigé des exercices page 224

8 DOUBLER LA CONSONNE SI NÉCESSAIRE

JE RETIENS

▮ Retiens que les consonnes doubles se trouvent presque toujours **entre deux voyelles**, la consonne doublée étant parfois suivie d'un « l » ou d'un « r ».
Ex. : *attentif, stationner, connaissance, souffrir, souffle,* etc.

▮ On ne double pas une consonne après une voyelle accentuée.
Ex. : *âne, étourdi, trôner,* etc. *(exceptions : châsse, châssis).*

▮ Une consonne se double souvent à la jonction :
– du préfixe et du radical : *irrésistible, emmener, opposer,* etc. ;
– du radical et du suffixe : *savamment, nommer, réveiller,* etc.

▮ **Remarques** :
– Au féminin, on ne double le « n » final des noms et des adjectifs masculins que s'il est précédé d'un « e » ou d'un « o » : *chien/chienne, baron/baronne, ancien/ancienne, etc.* (exception : *paysan/paysanne*).
– « m » et « n » dans le radical ne sont pas doublés après « u » et « i » : *venimeux, raffiner, fortune,* etc. (exceptions : *tunnel, summum*).
– La consonne « r » est doublée au futur simple et au conditionnel présent pour « courir », « mourir », « quérir » et leurs composés.

JE VÉRIFIE

	vrai	faux
1. Le doublement du « r » permet de différencier certains temps.	☐	☐
2. Aucun mot français ne contient une succession de trois consonnes.	☐	☐
3. En règle générale, on ne double pas une consonne après une voyelle accentuée.	☐	☐

1. vrai ; l'imparfait et le conditionnel présent de l'indicatif, par exemple. – 2. faux ; deux consonnes peuvent être suivies d'un « l » ou d'un « r ». – 3. vrai.

1 **Complète par un ou deux « n ».**

1. un dictio......aire d'anglais

2. une bonbo......e de gaz

3. la couro......e

4. un visage de mado......e

5. une note de télépho......e

6. la patro......e du café

7. un magnétopho......e

8. monter sur le trô......e

2 **Dans les mots suivants, la consonne est doublée au féminin. vrai (V) ou faux (F) ?**

1. cousin (…) – 2. paysan (…) – 3. orphelin (…) – 4. pharmacien (…) – 5. chat (…) – 6. américain (…) – 7. lion (…) – 8. bûcheron (…) – 9. idiot (…) – 10. avocat (…).

3 **Réécris les mots mal orthographiés.**

1. oriflame : ....

2. hotte : ....

3. rayonnage : ....

4. bétonière : ....

5. immeuble : ....

6. femme : ....

7. paillotte : ....

8. personne : ....

9. bastonnade : ....

10. imense : ....

Aide : *Il y a quatre mots à réécrire.*

4 **Ajoute un suffixe diminutif. Exemple : *une fille/une fillette.***

1. un jardin…

2. un moulin…

3. une talon…

4. une planche…

5. un garçon…

6. un wagon…

7. un balcon…

8. une maison…

Corrigé des exercices page 224

9 ÉCRIRE DES MOTS AVEC DES LETTRES MUETTES

JE RETIENS

Sais-tu que de nombreux termes contiennent une ou plusieurs lettres qu'on ne prononce pas ? Ces lettres peuvent se trouver :

▌ **au début d'un mot** : c'est le cas de la lettre « h » non aspirée (qui permet la liaison avec la consonne finale du mot précédent) : *hameçon*, *humecter*, etc.

▌ **à l'intérieur d'un mot** :
– c'est le cas de la voyelle « e » dans des noms dérivés de verbes en « -er » (*balbutiement*), « -ouer » (*dévouement*), « -uer » (*éternuement*) ou « -yer » (*paiement*) ainsi que dans *gaieté* (écrit aussi *gaîté*) ;
– cela peut être le cas des consonnes « c » (*scintillement*), « g » (*sangsue*), « h » (*psychologue*), « l » (*fils*), « m » (*damnation*), « p » (*compter*), « th » (*asthme*).

▌ **à la fin d'un mot** ; c'est le cas :
– de nombreuses consonnes (« c » dans *caoutchouc* par exemple), que l'on retrouve souvent en formant le féminin (*fort/forte*) ou un dérivé (*accroc/accrocher*) ;
– plus particulièrement des consonnes « s » et « x » des mots invariables (*remous*, *croix*) ;
– de certains groupes de consonnes (*remords*, *pouls*, *respect*, *prompt*) ;
– de la voyelle « e » (*rosée*, *trophée*), parfois combinée avec le groupe de consonnes « nt » dans des formes conjuguées (*parlent*, *jouaient*).

JE VÉRIFIE

	vrai	faux
1. Seules les consonnes sont utilisées comme lettres muettes.	☐	☐
2. Pour trouver la consonne muette placée à la fin de certains mots, il faut former le féminin ou un dérivé.	☐	☐

1. faux ; la voyelle « e » est très souvent muette. – 2. vrai ; feint/feinte, bond/bondir, sang/sanglant.

**1 Complète par
la lettre muette
qui convient.**

1. un com...toir
2. un psyc...iatre
3. un da...lia
4. un ba...têne
5. un r...umatologue
6. un pa...n
7. le t...ym
8. le ryt...me

2 Écris la consonne muette finale des mots suivants.

1. la voi...
2. il était une foi...
3. un détroi...
4. un abu... de pouvoir
5. mettre au rebu...

6. le toi... de l'appentis
7. un fusi... de chasse
8. un tein... mat
9. le flu... et le reflu...
10. le choi... de Sophie

3 Écris le dérivé contenant un « e » muet.

1. balbutier : ....
2. flamboyer : ....
3. aboyer : ....
4. tutoyer : ....
5. éternuer : ....
6. payer : ....
7. dévouer : ....

Aide : *Le mot dérivé de « balbutier » est « balbutiement ».*

Corrigé des exercices page 224

10 ORTHOGRAPHIER DES NOMS FÉMININS

JE RETIENS

▌ Tu as sans doute déjà constaté qu'en règle générale les noms féminins se terminent, au singulier, **par la lettre « e »**.
Ex. : *plaie, fée, calvitie, rayure, proue, proie,* etc.

▌ Hélas ! Il existe un certain nombre **d'exceptions** :
– les noms féminins en « **-té** » ou « **-tié** », sauf : *butée, dictée, jetée, montée, pâtée, portée* et ceux qui indiquent le contenu d'un objet (*pelletée, brouettée,* etc.) ;
– *acné, clé, clef, psyché* ;
– *forêt, paix* ;
– *brebis, fourmi, nuit, perdrix, souris* ;
– *bru, glu, tribu, vertu, toux* ;
– *chaux, faux, peau* ;
– *voix, paroi, poix* ;
– les noms en « **-eur** », sauf : *demeure* et *heure* ;
– les noms en « **-sion** » ou en « **-tion** » **;**
– des termes particuliers comme : *jument, maman.*

▌ **Remarque** : Certains noms de personnes ne changent pas au féminin.
Ex. : *enfant, soprano,* etc.

JE VÉRIFIE

	vrai	faux
1. Peu de mots féminins se terminent par « e ».	☐	☐
2. Les noms féminins en « -té » ou en « -tié » s'écrivent tous « é ».	☐	☐
3. « Paroi » s'écrit sans « e ».	☐	☐

1. faux ; la plupart, au contraire, se terminent par « e ». – 2. faux ; quelques exceptions existent. – 3. vrai.

1 Complète comme il convient ces noms féminins terminés par le son [e].

1. la cl..... des champs
2. la f..... Carabosse
3. l'humidit.....
4. la moiti..... de 712
5. la dict..... de Pivot

6. une cuiller..... de sirop
7. une ann..... pleine
8. la pât..... du chien
9. une id..... féconde
10. de l'acn..... juvénile

2 Complète comme il convient ces noms féminins terminés par le son [i].

1. une encyclopéd.....
2. une fourm.....
3. une sour..... grise
4. une insomn.....
5. une nu..... d'été

6. une malad..... inconnue
7. une perdr..... des neiges
8. une acrobat.....
9. une allerg..... aux fraises
10. une breb..... galeuse

3 Barre le « e » final si nécessaire.

1. tribue
2. issue
3. glue
4. morue
5. brue

6. verrue
7. vertue
8. charrue
9. cohue
10. grue

Aide : *Dans cette liste, quatre mots ne prennent pas de « e » final.*

4 Complète par une finale, si nécessaire.

1. une voi... rauque
2. une loi... juste
3. se frayer une voi...
4. une chemise en soi...
5. des rillettes d'oi...

6. une courroi... de cuir
7. une paroi... lisse
8. le foi... de veau
9. la joi... des enfants
10. un signe de croi...

Aide : *C'est le cas pour huit des dix mots proposés.*

Corrigé des exercices page 224

11 CONJUGUER UN VERBE AU PRÉSENT

JE RETIENS

▋ N'oublie jamais que **les verbes en « -er »** font « -e », « -es », « -e » aux trois personnes du singulier.

Ex. : *je donne, tu donnes, il/elle donne.*

Remarques :

– Les verbes en « -eter » ou « -eler » doublent la consonne finale devant un « e » muet : *je jette, tu épelles.*

Exceptions : *celer* (et ses composés), *ciseler, démanteler, écarteler, geler* (et ses composés), *marteler, modeler, peler ; acheter, corseter, crocheter, fureter, haleter, racheter.*

– Les verbes *cueillir, ouvrir* (et leurs composés), *assaillir, offrir, souffrir* et *tressaillir* se conjuguent comme les verbes en « -er ».

▋ **Les autres verbes** font « -s », « -s », « -t » au singulier.

Ex. : *je dis, tu dis, il/elle dit ;*
       je me bats, tu te bats, il/elle se bat.

▋ **Remarques** :

– Les verbes en « -dre » (sauf ceux en « -indre » et « -soudre ») font « -ds », « -ds », « d » : *je prends, tu prends, il/elle prend.*

– Les verbes en « -aître » ne conservent l'accent circonflexe du radical que devant « t » : *je parais, tu parais, il/elle paraît.*

– Les verbes « pouvoir » et « vouloir » font « -x », « -x », « -t » : *je veux, tu veux, il/elle veut.*

JE VÉRIFIE

	vrai	faux
1. Les verbes en « -er » font toujours « -e », « -es », « -e » aux trois personnes du singulier du présent de l'indicatif.	. ☐	☐
2. On écrit « il achette ».	☐	☐

1. vrai – 2. faux ; ce verbe fait partie des exceptions, il faut donc écrire « achète ».

1 Écris les verbes au présent de l'indicatif.

1. Il (nouer) .... ses lacets.
2. La foule (affluer) .... à l'entrée du stade.
3. En travaillant, elle (multiplier) .... ses chances de réussite.
4. L'enfant en danger (appeler) .... au secours.
5. Il se (moucher) .... à grand bruit.
6. Il (geler) .... et les patineurs (glisser) ....
sur le lac.
7. Le contrôleur (vérifier) .... les billets des voyageurs.
8. En rentrant de la chasse, le chien (haleter) .... de fatigue.
9. Nous (acheter) .... du pain tous les jours.

2 Même exercice.

1. Tu (cueillir) .... un bouquet pour ta mère.
2. La biche (bondir) .... dans les fourrés.
3. Elle (couvrir) .... ses épaules d'un châle.
4. Nous (recueillir) .... un animal abandonné.
5. Il (souffrir) .... d'une maladie incurable.
6. L'avion (atterrir) .... sur la piste.
7. La nuit, nous (tressaillir) .... au moindre bruit.
8. L'oiseau transi de froid (se blottir) .... dans son nid.
9. Il lui (raccourcir) .... les cheveux.

3 Même exercice.

1. (comprendre) ....-tu ma peine ?
2. Cette poule (pondre) .... tous les jours.
3. Elle (défendre) .... son petit bec et ongles.
4. Vous vous (distraire) .... en écoutant de la musique.
5. (pouvoir) ....-tu me prêter ce livre ?
6. Dans son devoir (apparaître) .... de nombreuses erreurs.
7. Décidément, tu ne (vouloir) .... pas partir.
8. Je la (connaître) .... depuis longtemps.
9. Tu (perdre) .... ton temps.

Corrigé des exercices page 224

12 CONJUGUER UN VERBE AU PASSÉ SIMPLE

JE RETIENS

▌ Au passé simple de l'indicatif, **les verbes en « -er »** font :
– « -ai », « -as », « -a », « -âmes », « -âtes », « -èrent ».
Ex. : *il/elle donna, ils/elles donnèrent.*

Remarque : Il ne faut pas confondre la première personne du singulier du passé simple (« -ai ») et la première personne du singulier de l'imparfait (« -ais ») des verbes du premier groupe.

▌ **Les verbes en « -ir »** font « -is », « -is », « -it », « -îmes », « -îtes », « -irent » (sauf *courir, mourir, tenir, venir* et leurs composés).
Ex. : *il/elle guérit, ils/elles guérirent.*

▌ **Les autres verbes** font :
– soit « -is », « -is », « -it », « -îmes », « -îtes », « -irent » (la plupart des verbes en « -re », les verbes *asseoir, voir* et leurs composés) ;
Ex. : *il/elle dit, ils/elles dirent.*
– soit « -us », « -us », « -ut », « -ûmes », « -ûtes », « -urent » (la plupart des verbes en « -oir », *mourir, courir* et ses composés, quelques verbes en « -re » et leurs composés) ;
Ex. : *il/elle but, nous bûmes, ils/elles burent.*
– soit « -ins », « -ins », « -int », « -înmes », « -întes », « -inrent » (les verbes *venir, tenir* et leurs composés).
Ex. : *il/elle vint, ils/elles vinrent.*

▌ **Remarque** : Certains verbes n'ont pas de passé simple (*clore, luire, paître,* etc.)

JE VÉRIFIE

	vrai	faux
1. On utilise un accent circonflexe aux première et deuxième personnes du pluriel du passé simple.	☐	☐
2. « Asseoir » se conjugue comme « voir » au passé simple.	☐	☐

1. vrai – 2. vrai.

1 Écris les verbes au passé simple de l'indicatif.

1. Je lui (expliquer) .... mon erreur. – 2. Mon père m'(emmener) .... en promenade. – 3. Épuisés, ils (se coucher) .... à peine rentrés. – 4. L'incendie (provoquer) .... une belle panique. – 5. Le bateau (tanguer) .... puis (sombrer) .... dans les flots. – 6. Les perdrix, surprises, (déployer) .... leurs ailes et (s'envoler) .... – 7. Cette année-là, il (geler) .... si fort que des troncs (éclater) ....

2 Même exercice.

1. Il semblait guéri, mais il (mourir) .... – 2. Nous (venir) .... rapidement à bout de ce travail. – 3. Les invités (boire) .... leur verre d'un trait. – 4. Il (devoir) .... remettre son rendez-vous. – 5. Au lieu de s'arrêter, ils (poursuivre) .... leur chemin. – 6. En juin dernier, il (obtenir) .... tous ses diplômes. – 7. Elle (naître) .... au siècle dernier. – 8. Les voleurs (prendre) .... la fuite. – 9. J'(attendre) .... patiemment mon tour. – 10. Finalement, nous (reconnaître) .... nos erreurs.

3 Écris les verbes au passé simple de la voix passive (voir p. 103).

1. Ma famille (surprendre) .... de me revoir si vite. – 2. Le renard (prendre) .... au piège. – 3. Nous (décevoir) .... de son échec. – 4. Les traîtres (abattre) .... sur-le-champ. – 5. Il (punir) .... pour ses nombreuses fautes. – 6. Des lots (distribuer) .... à tous les participants. – 7. La clé (rendre) .... à son propriétaire. – 8. Toutes les énigmes (résoudre) .... en un clin d'œil. – 9. La voiture (réparer) .... juste à temps.

Aide : *Utilise l'auxiliaire « être », que tu conjugueras au passé simple.*

Corrigé des exercices pages 224-225

13 CONJUGUER UN VERBE AU FUTUR SIMPLE

JE RETIENS

■ **Les terminaisons** du futur simple de l'indicatif sont les mêmes pour tous les verbes, quel que soit leur groupe de conjugaison :
– « -ai », « -as », « -a » pour les trois personnes du singulier,
– « -ons », « -ez », « -ont » pour les trois personnes du pluriel.
Ces terminaisons sont toujours précédées de la lettre « r » et s'ajoutent le plus souvent à l'infinitif.

Ex. : *je jouerai, tu joueras, il jouera, nous jouerons, vous jouerez, ils joueront ;*
je finirai, tu finiras, il finira, nous finirons, vous finirez, ils finiront.

■ **Le radical** de certains verbes subit cependant des modifications.
– Les verbes en « -yer » changent leur « y » en « i » (*je broierai, tu broieras*), mais les verbes en « -ayer » peuvent le conserver (*je balaierai/je balayerai*).
– La plupart des verbes en « -eler » et en « -eter » prennent deux « l » ou deux « t » : *je jetterai, tu jetteras.*
– *Mourir, courir, acquérir, pouvoir, voir, envoyer* et leurs composés prennent deux « r » au futur simple de l'indicatif : *je mourrai, tu mourras.*

JE VÉRIFIE

	vrai	faux
1. Le futur simple se construit le plus souvent à partir de l'infinitif du verbe.	☐	☐
2. Au futur simple, les verbes en « -yer » gardent leur « y ».	☐	☐
3. « courons » est un futur simple de l'indicatif.	☐	☐

1. vrai – 2. faux ; le « y » se change en « i » (exception faite des verbes en « -ayer ». – 3. faux ; il s'agit d'un présent de l'indicatif, « courir » prenant deux « r » au futur simple.

1 Écris les verbes au futur simple de l'indicatif.

1. Je n'(oublier) .... jamais tout ce que tu as fait pour moi. – 2. Les cyclistes (appuyer) .... sur les pédales pour gagner la course. – 3. Bientôt, nous (envoyer) .... nos vœux à toute la famille. – 4. Pour mon dessert, je (peler) .... une pomme. – 5. Si tu le veux, nous l'(appeler) .... Marie. – 6. J'espère que tu ne t'(ennuyer) .... pas pendant ton séjour. – 7. Vous (jeter) .... tout cela à la poubelle. – 8. Je vous (rappeler) .... dès mon retour. – 9. Elle (nettoyer) .... la maison après notre départ. – 10. Nous (payer) .... ce que nous devons, et rien de plus.

2 Même exercice.

1. Dès que je t'(apercevoir) ...., je (courir) .... vers toi. – 2. Aussitôt qu'elle (apprendre) .... cette nouvelle, elle (se mettre) .... sans doute à pleurer. – 3. Elle est souvent malade, elle (mourir) .... certainement jeune. – 4. Quand ils (entendre) .... le marchand de glace, les enfants (accourir) .... – 5. Nous (voir) .... ce que nous (pouvoir) .... faire. – 6. Profitez-en ! Vous ne (rire) .... pas toujours !

3 Inscris l'infinitif des verbes utilisés au futur simple de l'indicatif.

1. Il faudra (....................) y penser. 2. J'acquerrai (....................) bientôt une maison. 3. Nous t'enverrons (....................) un colis pour ton anniversaire. 4. Je viendrai (....................) à bout de ce problème. 5. Vous résoudrez (....................) facilement cette énigme. 6. Ils moudront (....................) patiemment le grain. 7. Elles l'ont promis, elles s'écriront (....................) tous les jours. 8. Après avoir restauré ces livres, nous les relierons (....................). 9. Ils sauront (....................) très bientôt la bonne nouvelle. 10. Le curé absoudra (....................) tous mes péchés.

Corrigé des exercices page 225

14 CONJUGUER UN VERBE À L'IMPARFAIT

JE RETIENS

■ Les terminaisons de l'imparfait de l'indicatif sont les mêmes pour tous les verbes, quel que soit leur groupe de conjugaison :
– « -ais », « -ais », « -ait » pour les trois personnes du singulier ;
– « -ions », « -iez », « -aient » pour les trois personnes du pluriel.

Ex. : *je jouais, tu jouais, il jouait, nous jouions, vous jouiez, ils jouaient ; je finissais, tu finissais, il finissait, nous finissions, vous finissiez, ils finissaient.*

■ Aux première et deuxième personnes du pluriel de l'imparfait de l'indicatif, **il ne faut pas oublier le « i »** des terminaisons en « -ions » et « -iez » pour :
– les verbes en « **-iller** » : *nous travaillions, vous travailliez.*
– les verbes en « **-ier** » : *nous sciions, vous sciiez.*
– les verbes en « **-yer** » : *nous broyions, vous broyiez.*
– les verbes en « **-gner** » : *nous nous éloignions, vous vous éloigniez.*

■ **Remarque** : Il ne faut pas confondre la première personne du singulier de l'imparfait (« -ais ») et la première personne du singulier du passé simple (« -ai ») des verbes du premier groupe.

JE VÉRIFIE

	vrai	faux
1. Les terminaisons de l'imparfait de l'indicatif sont les mêmes pour tous les verbes.	☐	☐
2. À l'imparfait de l'indicatif, les verbes en « -yer » s'écrivent « -yions » et « -yiez » aux deux premières personnes du pluriel.	☐	☐

1 Écris les verbes à l'imparfait de l'indicatif.

1. Il (atteler) .... son cheval et (partir) .... pour les champs. – 2. Elle (pâlir) .... à la vue de la moindre goutte de sang. – 3. Je l'(aimer) .... et il le (savoir) .... bien. – 4. Sur son visage (ruisseler) .... de grosses larmes. – 5. Enfermé dans l'appartement, le chien (aboyer) .... toute la journée. – 6. Nous (partir) .... toujours en vacances au même endroit. – 7. Deux yeux verts (briller) .... dans la nuit. – 8. De superbes anneaux d'or (pendre) .... à ses oreilles.

2 Même exercice.

1. Dans ce village isolé, nous nous (ennuyer) .... à longueur de journée. – 2. À cette époque-là, vous (travailler) .... encore à l'usine. – 3. Nous (étudier) .... toutes les possibilités avant de nous décider. – 4. Vous (croire) .... que vous aviez gagné le gros lot ! – 5. En rentrant de vacances, nous (ployer) .... sous le poids des bagages. – 6. Vous (tutoyer) .... même les inconnus. – 7. Nous lui (confier) .... tous nos secrets. – 8. Vous (expédier) .... une lettre en recommandé. – 9. Nous (fouiller) .... le moindre recoin pour trouver le trésor. – 10. Nous (payer) .... toujours notre loyer le premier du mois. – 11. Vous vous (éloigner) .... en faisant un signe de la main.

3 Écris les verbes donnés à la première personne du pluriel de l'imparfait de l'indicatif.

1. s'ennuyer : .... 6. se réfugier : ....
2. remercier : .... 7. gaspiller : ....
3. travailler : .... 8. accompagner : ....
4. verrouiller : .... 9. se frayer : ....
5. présenter : .... 10. surveiller : ....

Corrigé des exercices page 225

15 CONJUGUER UN VERBE AU CONDITIONNEL PRÉSENT

JE RETIENS

▌ **Les terminaisons** du conditionnel présent sont les mêmes pour tous les verbes, quel que soit leur groupe de conjugaison :
– « -ais », « -ais », « -ait », « -ions », « -iez », « -aient ».
Ces terminaisons sont toujours précédées de la lettre « r » et s'ajoutent le plus souvent à l'infinitif.
Ex. : *je jouerais, nous jouerions ; tu finirais, vous finiriez.*

▌ **Remarque** : Certains verbes connaissent **des modifications du radical** :
– les verbes en « -yer » changent leur « y » en « i » ;
Ex. : *j'essuierais, tu essuierais, etc.*
– *mourir, courir, acquérir, pouvoir, voir, envoyer* et leurs composés prennent deux « r » au conditionnel présent.
Ex. : *je mourrais, tu mourrais, etc.*

JE VÉRIFIE

	vrai	faux
1. Le conditionnel présent présente les mêmes terminaisons que l'imparfait de l'indicatif, précédées de la lettre « r ».	☐	☐
2. Au conditionnel présent, les verbes en « -yer » gardent leur « y ».	☐	☐
3. « Il aurait prétendu » est un conditionnel présent.	☐	☐

(voir fiche 16 page 75).
1. vrai – 2. faux ; le « y » se change en « i ». – 3. faux : il s'agit d'un conditionnel passé

1 **Le verbe en italique est-il utilisé au conditionnel présent ? Écris O (oui) ou N (non).**

1. Pendant les vacances, j'*irai* à la montagne. (........)

2. Nous *irions* dans les bois cueillir des champignons. (........)

3. Il *faudrait* absolument que nous leur rendions visite. (........)

4. Nous *pourrons* bientôt acheter une nouvelle voiture. (........)

5. Nous *pourrions* demander une augmentation au directeur. (........)

6. *Voudrais*-tu me prêter ton livre ? (........)

7. Quand elle aura fini sa tapisserie, elle la *fera* encadrer. (........)

8. Je te le promets, je me *tairai*. (........)

2 **Écris le verbe au conditionnel présent.**

1. Je la (prendre) .... volontiers en photo.

2. (Aimer) ....-vous qu'on vous mente ?

3. S'il faisait beau, nous (pouvoir) .... manger au jardin.

4. S'il s'en donnait la peine, il (obtenir) .... de meilleurs résultats.

5. Si je le laissais faire, le chat (dormir) .... avec moi.

6. En mangeant moins, elle ne (grossir) .... pas.

7. Ils pensaient acheter des oiseaux qui (égayer) .... la maison.

8. Mes parents n'avaient pas prévu que je (devenir) ....célèbre.

9. Je me demande si tu n'(aller) .... pas faire courir de faux bruits.

10. Si tu étais reconnaissant, tu lui (envoyer) .... des fleurs.

3 **Barre l'intrus.**

1. entendrais – raserais – concilierai – infiltrerais – entrerais.

2. frapperais – mettrait – renierions – teindront – chanteriez.

3. me souviendrais – nous rangerions – vous éclabousserez – s'écriraient – te blottirais.

4. pâlirions – pâlirais – pâliraient – pâliriez – pâlirent.

5. mourrait – courais – renverrais – pourrais – verrais.

Corrigé des exercices page 225

16 UTILISER LES TEMPS COMPOSÉS DE L'INDICATIF

JE RETIENS

❚ On appelle temps composés les temps qui se forment avec l'auxiliaire « être » ou « avoir » et le participe passé du verbe conjugué.

❚ On utilise l'auxiliaire « être » ou l'auxiliaire « avoir » :
– au présent pour former le **passé composé** ;
Ex. : *j'ai parlé, tu as parlé, il/elle a parlé*, etc.
– à l'imparfait pour former le **plus-que-parfait** ;
Ex. : *j'étais parti, tu étais parti, il/elle était parti(e)*, etc.
– au passé simple pour former le **passé antérieur** ;
Ex. : *j'eus pu, tu eus pu, il/elle eut pu*, etc.
– au futur simple pour former le **futur antérieur**.
Ex. : *je serai venu, tu seras venu, il/elle sera venu(e)*, etc.
– au conditionnel présent pour former le **conditionnel passé**.
Ex. : *j'aurais voulu, tu aurais voulu, il/elle aurait voulu*, etc.

❚ L'auxiliaire « être » est utilisé à la voix active (voir fiche 30, page 103), pour former les temps composés des verbes intransitifs (voir fiche 29, page 101).

JE VÉRIFIE

	vrai	faux
1. Les temps composés de l'indicatif sont toujours formés avec l'auxiliaire « avoir ».	☐	☐
2. Le plus-que-parfait de l'indicatif actif se forme avec l'auxiliaire à l'imparfait.	☐	☐
3. « Nous serons allés » est un futur simple de l'indicatif.	☐	☐

1. faux ; on emploie aussi l'auxiliaire « être ». – 2. vrai – 3. faux ; il s'agit d'un futur antérieur.

1 Écris les verbes au passé composé de l'indicatif.

1. Mon ami m'(dire) .... un secret. – 2. Ces paroles de réconfort m'(faire) .... plaisir. – 3. Les campeurs (allumer) .... un feu pour la nuit. – 4. J'(prendre) .... mon sac à dos et je (partir) .... à l'aventure. – 5. Elle (sortir) .... de l'école et (aller) .... chez sa grand-mère.

2 Écris les verbes au plus-que-parfait de l'indicatif.

1. Quand j'(finir) .... mon travail, je regardais la télévision. – 2. Le chien (effrayer) .... le chat qui (se réfugier) .... ici. – 3. Sur la table, la servante (déposer) .... une soupière fumante. – 4. Onze heures (sonner) .... à l'horloge de la petite église. – 5. Une femme inconnue (apparaître) .... puis un jour (disparaître) ....

3 Écris les verbes au passé antérieur de l'indicatif.

1. Après qu'elle (souffler) .... les bougies, nous mangeâmes le gâteau. – 2. Quand il (doubler) .... plusieurs voitures, il se rabattit violemment. – 3. Quand l'hiver (venir) ...., le loir s'endormit jusqu'au printemps. – 4. Quand les invités (finir) .... le repas, ils passèrent au salon.

4 Écris les verbes au futur antérieur de l'indicatif.

1. Dès qu'ils (déménager) ...., nous nous installerons. – 2. Bientôt (venir) .... le moment d'allumer le feu de bois. – 3. C'est seulement quand tu (finir) .... ton travail que tu sortiras. – 4. Quand il (mourir) ...., j'hériterai de tous ses biens.

5 Écris les verbes au conditionnel passé de l'indicatif.

1. Nous (aimer) .... que les travaux fussent terminés.
2. Rien n'(pouvoir) .... nous faire changer d'avis.
3. Si l'occasion lui en avait été donnée, mon père (faire) .... des études d'architecte.
4. Si nous l'avions invité, il (venir) .... volontiers.
5. La cigale (devoir) .... ne pas chanter tout l'été.

Corrigé des exercices page 225

17 CONJUGUER UN VERBE À L'IMPÉRATIF

JE RETIENS

▌ L'impératif est **un mode** qui se conjugue sans sujet exprimé et à trois personnes seulement : la deuxième personne du singulier, les première et deuxième personnes du pluriel. Il a deux temps : le présent et le passé.

▌ **À la deuxième personne du singulier**, l'impératif présent :
– est en « -e » pour les verbes en « -er » et pour tous ceux qui se terminent à cette personne par un « e » muet ;
Ex. : *donne, parle, offre, cueille*, etc.
– est en « -s » pour tous les autres verbes.
Ex. : *viens, prends, cours, ris*, etc.
Aux autres personnes, les formes sont identiques à celles de l'indicatif présent.
Ex. : *donnons, donnez, venons, venez*, etc.

▌ **Remarque** : « Être » et « avoir » empruntent au subjonctif présent leurs formes de l'impératif présent : *sois, soyons, soyez ; aie, ayons, ayez.*

▌ **L'impératif passé** se forme avec l'auxiliaire « être » ou « avoir » à l'impératif présent suivi du participe passé du verbe conjugué.
Ex. : *aie donné, ayons donné, ayez donné ;*
　　sois revenu, soyons revenus, soyez revenus.

JE VÉRIFIE

	vrai	faux
1. L'impératif est un mode personnel.	☐	☐
2. Les verbes en « -er » ne prennent jamais de « s » à la deuxième personne du singulier de l'impératif.	☐	☐
3. Les formes du subjonctif présent des auxiliaires « être » et « avoir » sont utilisées à l'impératif passé.	☐	☐

1. vrai, même s'il ne se conjugue qu'à trois personnes. – 2. vrai – 3. vrai.

1 **Écris le verbe à l'impératif présent, deuxième personne du singulier.**

1. (Terminer) .... tout ce que tu as commencé.

2. (Cesser) .... de te faire du souci pour si peu.

3. Ne (marcher) .... pas sur les pelouses !

4. (Affranchir) .... ton courrier avant de le poster.

5. (Dire) ....-lui combien nous pensons à elle.

6. Ne t'(asseoir) .... pas sur cette vieille chaise.

7. (Balayer) .... toute la maison avant mon retour.

8. Si tu ne te sens pas bien, (aller) .... chez le médecin.

9. Je t'en prie, (prendre) .... la plume et (donner) ....- moi de tes nouvelles !

2 **Même exercice.**

1. (Venir) ...., n'(avoir) .... aucune crainte !

2. (Ne pas se décourager) ...., (prendre) .... le dessus !

3. (Raconter) ....-moi tout, (ne pas dire) .... de mensonges.

4. (Ne pas hurler) ...., (s'expliquer) .... calmement.

5. (Ne pas boire) .... si vite, (prendre) .... ton temps.

3 **Écris le verbe à l'impératif passé, deuxième personne du pluriel.**

1. (Partir) .... avant que le temps se gâte.

2. (Rendre) .... votre devoir pour demain.

3. (Revenir) .... avant la tombée de la nuit !

4. (Régler) .... tous les détails avant de partir en vacances.

5. (Arriver) .... avant l'ouverture des bureaux !

6. (Finir) .... ce travail avant ce soir.

7. (Lire) .... ce livre mardi prochain.

8. (Réparer) .... rapidement cette voiture.

9. (Lever) .... demain à l'aube !

10. (Guérir) .... pour les fêtes.

Corrigé des exercices page 225

18 CONJUGUER UN VERBE AU PRÉSENT ET AU PASSÉ DU SUBJONCTIF

JE RETIENS

▮ Quelles sont les **terminaisons** du présent du subjonctif ? Ce sont en réalité les mêmes pour tous les verbes, quel que soit leur groupe de conjugaison, soit « -e », « -es », « -e », « -ions », « -iez », « -ent ».
Ex. : *que je pense, que nous pensions.*

▮ **Remarques** :
– « Pouvoir », « vouloir », « prendre », « faire » et leurs composés ont un radical irrégulier : *que je puisse, que nous puissions ; que je veuille, que nous voulions ; que je prenne, que nous prenions ; que je fasse, que nous fassions.*

– « Être » et « avoir » ont des formes particulières : *que je sois, que tu sois, qu'il soit, que nous soyons, que vous soyez, qu'ils soient ; que j'aie, que tu aies, qu'il ait, que nous ayons, que vous ayez, qu'ils aient.*

▮ Le **passé du subjonctif** est formé de l'auxiliaire « être » ou « avoir » au présent du subjonctif, suivi du participe passé du verbe conjugué.
Ex. : *que j'aie voulu, que nous ayons voulu ;*
qu'il/elle soit parti(e), qu'ils/elles soient parti(e)s.

JE VÉRIFIE

	vrai	faux
1. Le radical de certains verbes connaît des modifications au présent du subjonctif.	☐	☐
2. Le subjonctif présent présente les mêmes terminaisons que le présent de l'indicatif.	☐	☐
3. Le subjonctif passé se forme avec l'auxiliaire au subjonctif présent.	☐	☐

1. vrai – 2. faux ; les deux premières personnes du pluriel sont formées avec les terminaisons de l'imparfait de l'indicatif. – 3. vrai.

1 Écris les verbes au subjonctif présent.

1. Veux-tu que nous (appeler) .... le médecin ?
2. Je désire que vous (arriver) .... à l'heure.
3. Il faut que nous (couper) .... du bois.
4. Il faut absolument que je te (voir) ....
5. Mes parents ne veulent pas que j'y (aller) ....
6. Vous veillerez à ce que cet animal ne (mourir)......................... pas de faim.
7. Il veut que je (courir) .... le cent mètres.
8. Il est nécessaire que vous (faire) .... vos bagages.
9. Pour que je (pouvoir) .... vous écrire, il faudrait que vous me (donner) .... votre adresse.

2 Écris les verbes en italique au subjonctif présent à la personne demandée.

1. *vouloir*, 1re personne du singulier : ....
2. *faire*, 2e personne du pluriel : ....
3. *pouvoir*, 2e personne du singulier : ....
4. *avoir*, 1re personne du singulier : ....
5. *être*, 1re personne du pluriel : ....

Aide : *Le subjonctif se conjugue avec la conjonction « que ».*

3 Écris les verbes au subjonctif passé.

1. Il aurait été souhaitable que tu (fermer) .... toutes les portes.
2. Je suis attristé que tu n' (répondre) .... pas .... à ses vœux.
3. Nous nous réjouissons que vous (trouver) .... ce que vous cherchiez.
4. Il se peut que le médecin (prescrire) .... trop de médicaments.
5. Il s'est mis à pleuvoir avant que nous (avoir) .... le temps de nous abriter.
6. Il faut qu'il (changer) .... d'avis dans cinq minutes.
7. Regrettes-tu qu'il (partir) .... ?

Corrigé des exercices page 226

19 CONJUGUER UN VERBE AU PARTICIPE ET AU GÉRONDIF

JE RETIENS

■ **Le participe** est un mode non personnel (voir fiche 32, page 107). Il existe à deux temps : le présent et le passé.
– Le présent se forme avec la terminaison « -ant » ajoutée au radical.
Ex. : *donnant, jetant, sortant, valant, se congratulant*, etc.
– Le passé se forme avec l'auxiliaire « être » ou « avoir » au participe présent suivi du participe passé du verbe conjugué.
Ex. : *ayant donné, ayant jeté, étant sorti, ayant valu, s'étant congratulé*, etc.

■ **Remarques** :
– Le participe présent ne doit pas être confondu avec l'adjectif verbal : il est toujours invariable et il régit souvent un complément.
– L'expression « participe passé » désigne tantôt le temps du mode participe, tantôt la forme du verbe en « -é » (*chanté*), « -i » (*réjoui*), « -u » (*paru*), « -s » (*appris*) ou « -t » (*peint*), obtenue en sous-entendant l'auxiliaire.

■ **Le gérondif** est lui aussi un mode non personnel. Il n'existe qu'à une seule forme, constituée du participe présent du verbe précédé de la préposition « en » : *en donnant, en jetant, en sortant, en se congratulant*, etc.

JE VÉRIFIE

	vrai	faux
1. Le participe présent se forme toujours en ajoutant la terminaison « -ant » au radical.	☐	☐
2. Le participe et le gérondif sont des modes personnels.	☐	☐
3. Au gérondif, la préposition « en » est parfois sous-entendue.	☐	☐

1. vrai – 2. faux ; ce sont des modes non personnels puisqu'ils ne se conjuguent pas à des personnes différentes. – 3. faux ; elle est toujours utilisée.

1 Écris le participe présent des verbes suivants.

1. peindre : ....
2. lire : ....
3. contraindre : ....
4. moudre : ....
5. distraire : ....

6. boire : ....
7. connaître : ....
8. gravir : ....
9. battre : ....
10. allumer : ....

2 Remplace la subordonnée relative par un groupe participial.

1. Il fallait emprunter un chemin boueux *qui menait à la maison* (...............
.................). – 2. Les élèves *qui auront zéro* (........................…..............)
seront éliminés. – 3. Il faut manger des aliments *qui n'altèrent pas la santé*
(...................…..................). – 4. Ces vieux journaux, *qui paraissaient
inutiles* (....................................), avaient été mis à la poubelle. – 5. La
fille *qui clignait des yeux* (................…................) était toute bronzée. –
6. Les enfants *qui jouaient dans la cour de récréation* (.............…..............)
s'arrêtèrent soudain. – 7. L'acrobate, *qui faisait un numéro dangereux* (.........
........................…......…......), stupéfiait le public tout entier. – 8. La vendeuse,
qui s'aperçut du vol (................…................), appela la police. – 9. Mon
père, *qui fumait tranquillement sa pipe* (....................................), tarda
à me répondre.

Aide : *Tu dois utiliser le verbe de la relative au mode participe.*

3 Écris le verbe au participe présent ou au gérondif.

1. (Bavarder) ...., la voisine m'a appris son retour.
2. (Courir) .... à toute vitesse, il a pu s'échapper.
3. Elle s'est cassé une jambe (descendre) ....
de l'autobus.
4. (Monter) .... à l'échelle, il a manqué un degré.
5. Les manifestants défilèrent dans la rue (chanter) ....
6. Ce sont de grands magasins (comporter) ....
de nombreux rayons.
7. Elle s'est coupé le doigt (éplucher) ....
des légumes.

Corrigé des exercices page 226

20 INDIQUER LA NATURE D'UN MOT OU D'UN GROUPE DE MOTS

JE RETIENS

▌ Si on te demande d'indiquer la nature d'un mot, tu dois identifier sa **classe grammaticale** (nom commun, adjectif, verbe, pronom, etc.).

S'il s'agit d'un groupe de mots, tu dois identifier la classe grammaticale du mot le plus important du groupe (ou **mot noyau**).

Ex. : *durant deux heures :* le mot-noyau est le nom « heures » ;
  → nature du groupe : groupe nominal (GN).

▌ Voici les différentes natures grammaticales possibles d'un mot :
– **nom** (nom commun, *sourire* ; nom propre, *Paul*) ;
– **déterminant** (*le, un, du, cinq, mon, ce, quel, tout,* etc.) ;
– **adjectif qualificatif** (*froid, radieux,* etc.) ;
– **pronom** (personnel, *il* ; possessif, *le mien* ; démonstratif, *celui-ci* ; relatif, *qui* ; interrogatif, *lequel* ; indéfini, *rien*) ;
– **verbe** (*chanter, falloir,* etc.) ;
– **adverbe** (*même, probablement,* etc.) ;
– **préposition** (*à, de, avec, sans, pour,* etc.) ;
– **conjonction** (de coordination, *car, et, mais* ; de subordination, *puisque, comme, quand,* etc.).

▌ **Remarques** :
– Ne confonds pas nature et fonction grammaticales !
– Quelques mots ont des natures différentes selon leur emploi : *le, leur, tout, en, que, quelque,* etc.

JE VÉRIFIE

	vrai	faux
1. Indiquer la nature d'un mot consiste à préciser sa classe grammaticale.	☐	☐
2. Un mot a toujours la même nature.	☐	☐

1. vrai – 2. faux ; quelques mots ont une nature différente selon l'emploi que l'on en fait.

1 Donne la nature grammaticale des mots en italique (N pour nom, P pour pronom, A pour adjectif).

J' (...) entends encore la *vieille* (...) *paysanne* (...) presque *aveugle* (...), *qui* (...) venait les jours de marché embrasser sa *fille* (...) Angèle, évoquer de sa *voix* (...) *fragile* (...) les *lisières* (...) des *bois* (...) de Sologne où *elle* (...) menait paître ses *ouailles* (...).

2 Donne la nature grammaticale des mots en italique (N pour nom, Adj. pour adjectif, Adv. pour adverbe).

1. Le *fort* (.....) est attaqué par les Indiens.
2. Ce sont toujours les *mêmes* (.....) histoires.
3. C'est un *fort* (.....) brillant élève.
4. *Même* (.....) les enfants peuvent aller voir ce film.
5. Marie a fait des remarques très *justes* (.....).
6. Je viens *juste* (.....) d'arriver.

3 Complète par une conjonction de coordination.

1. Mon petit frère est malade, ... il ne quitte pas son lit.
2. Il est petit .... costaud.
3. Il ne veut .... bonbon, ... gâteau.
4. Tu es malade, ... tu n'iras pas en classe.
5. Je me dépêche .... je suis en retard.
6. J'en veux bien deux .... trois.
7. Cette boîte contient chocolats .... bonbons assortis.
8. Elle s'ennuyait à mourir, ... un jour un imprévu bouleversa sa vie.

Aide : *Choisis entre « mais », « ou », « et », « donc », « or », « ni » et « car ».*

Corrigé des exercices page 226

21 RECONNAÎTRE LES DIFFÉRENTS DÉTERMINANTS

JE RETIENS

■ Un nom commun est précédé d'un déterminant. Il existe des déterminants définis et des déterminants indéfinis.

▮ Les **déterminants définis** précèdent des noms désignant des êtres ou des choses présentés comme connus. Ce sont :
– les articles définis : *le, la, l', les* ;
– les articles définis contractés : *au (à + le), du (de + le), aux (à + les), des (de + les)* ;
– les adjectifs possessifs, dont la forme varie selon le genre et le nombre du nom auquel ils se rapportent et selon la personne du possesseur : *mon, ma, mes, ton, ta, tes, etc.* ;
– les adjectifs démonstratifs : *ce, cet, cette, ces.*

■ Les autres **déterminants** sont dits **indéfinis**. Ce sont :
– les articles indéfinis : *un, une, des, de, d'* ;
– les articles partitifs : *du, de la, de l', des, de* ;
– les adjectifs indéfinis : *quelque, aucun, nul, autre, tel, tout, etc.* ;
– les adjectifs numéraux cardinaux : *un, deux, trois, cent, mille, etc.* ;
– les adjectifs interrogatifs ou exclamatifs : *quel, quelle, quels, quelles.*

JE VÉRIFIE

	vrai	faux
1. La forme d'un déterminant varie selon le genre et le nombre du nom auquel il se rapporte.	☐	☐
2. L'adjectif indéfini est un déterminant.	☐	☐

85

1 Écris D si le mot en italique est un article défini, I si c'est un article indéfini, P si c'est un adjectif possessif, N si c'est un adjectif numéral cardinal.

Il était *sept* (...) heures, par *un* (...) soir très chaud sur *les* (...) collines de Seeonee. Père Loup s'éveilla de *son* (...) somme journalier, se gratta, bâilla et détendit ses pattes l'une après l'autre pour dissiper *la* (...) sensation de paresse qui en raidissait encore *les* (...) extrémités. Mère Louve était étendue, *son* (...) gros nez gris tombé parmi *ses* (...) *quatre* (...) petits qui se culbutaient en criant, et *la* (...) lune luisait par *l'* (...) ouverture de la caverne où ils vivaient tous.

Rudyard KIPLING, *Le Livre de la jungle*.

2 Écris D si le mot en italique est un article défini, P si c'est un article partitif.

1. N'oublie pas d'acheter *du* (...) beurre. – 2. Le chien *du* (...) voisin m'a mordu. – 3. Le prix *des* (...) cigarettes ne cesse d'augmenter. – 4. Au petit déjeuner, il boit *du* (...) lait. – 5. Elle devrait ajouter *de l'* (...) ail à ce plat. – 6. Son visage était maculé *de* (...) boue. – 7. Prendrez-vous *de la* (...) tisane ?

3 Complète les phrases suivantes par un adjectif possessif (plusieurs solutions sont possibles).

1. Chaque élève a pris .... cartable. – 2. Le vieil homme dormait dans .... fauteuil. – 3. .... mère a fait une délicieuse tarte aux pommes. – 4. Il a plus d'un tour dans .... sac. – 5. Prends .... stylo, je te le donne. – 6. Avez-vous ramassé .... courrier ? – 7. Ils devraient s'appliquer davantage dans .... travail. – 8. Nous avons tapissé .... chambre en une journée. – 9. N'oublie pas .... clé . – 10. Il a acheté .... vélo avec .... économies.

4 Complète par « ses » ou « ces ».

1. Il a oublié de mettre .... chaussures. – 2. .... chevaux appartiennent à mon voisin. – 3. En .... temps de disette, peu de nouveau-nés survivaient. – 4. .... précipitations inattendues ont gravement perturbé la circulation. – 5. A-t-elle fait .... devoirs ? – 6. Un de .... jours, il ne retrouvera plus .... affaires. – 7. .... parents ne peuvent plus vivre seuls.

Corrigé des exercices page 226

22 ÉTUDIER UN ADJECTIF QUALIFICATIF

JE RETIENS

▪ L'adjectif qualificatif est un mot qui **se rapporte à un nom** (ou à un pronom) dont il indique une caractéristique. On distingue :
– les **adjectifs relationnels**, qui jouent le rôle de compléments de détermination du nom ;
Ex. : *une journée estivale (d'été), un arbre centenaire (de cent ans)*, etc.
– des **adjectifs descriptifs** (les plus courants).
Ex. : *une jeune fille, de multiples ruelles*, etc.
L'adjectif qualificatif s'accorde en genre et en nombre avec le nom (ou le pronom) auquel il se rapporte. Il existe cependant quelques cas d'accords particuliers (voir fiche 2 p. 47).

▪ S'il t'est demandé d'étudier un adjectif qualificatif, tu dois indiquer :
– son rôle (adjectif descriptif ou de relation) ;
– son genre (masculin/féminin) et son nombre (singulier/pluriel) ;
– le nom (ou le pronom) auquel il se rapporte ;
– sa fonction grammaticale : un adjectif qualificatif ne peut être qu'**épithète** (voir fiche 48, page 139) ou **attribut** (voir fiche 41, page 125).
Ex. : *De nombreuses figurines nous dévisageaient : elles paraissaient monstrueuses.*
  « nombreuses » : adjectif qualificatif descriptif, féminin pluriel, épithète du nom « figurines » auquel il se rapporte.
  « monstrueuses » : adjectif qualificatif relationnel, féminin pluriel, attribut du sujet « elles ».

JE VÉRIFIE

	vrai	faux
1. Un adjectif qualificatif se rapporte à un nom ou à un pronom.	☐	☐
2. Un adjectif qualificatif peut être complément d'objet.	☐	☐

1. vrai – 2. faux ; il est épithète ou attribut.

1 **S'agit-il d'un adjectif relationnel (R) ou d'un adjectif descriptif (D) ?**

1. la lumière crépusculaire (...)
2. un son cristallin (...)
3. un dessert délicieux (...)
4. la langue râpeuse du chat (...)
5. une pomme sure (...)

6. un enfant pâlot (...)
7. une paroi lisse (...)
8. l'amour maternel (...)
9. une occasion franche (...)
10. des cheveux longs (...)

2 **Donne la fonction des adjectifs qualificatifs en italique.**

1. Elle consulta un *gros* (.................) livre de cuisine.
2. Petit à petit, l'animal devenait moins *sauvage* (..............................).
3. Il retrouva avec émotion ses *vieux* (............................) patins à roulettes.
4. Ce reste de peinture *jaune* (............................) ne pourra plus servir.
5. Son existence lui paraissait bien *monotone* (..............................).
6. Son sourire découvre des dents *parfaites* (..............................).
7. La rue qui traversait le village était *déserte* (..............................).
8. Voici une bien *belle* (.................) araignée.

Aide : *Il y a cinq épithètes.*

3 **Étudie les adjectifs en italique. Écris dans l'ordre « masculin » ou « féminin » ; « singulier » ou « pluriel » ; « épithète » ou « attribut ».**

On vit s'avancer sur l'estrade une petite *vieille* femme de maintien *craintif* et qui paraissait se ratatiner dans ses *pauvres* vêtements.

Gustave FLAUBERT, *Madame Bovary.*

1. *vieille :*

....

2. *craintif :*

....

3. *pauvres :*

....

Corrigé des exercices page 226

23 ÉTUDIER UN PRONOM PERSONNEL

▌ Les pronoms personnels désignent **les trois personnes de la conjugaison** ; ils indiquent :
– l'être qui parle (1ʳᵉ personne : *je, me, moi, nous*) ;
– l'être à qui l'on parle (2ᵉ personne : *tu, te, toi, vous*) ;
– ou l'être dont on parle (3ᵉ personne : *il, elle, ils, elles, le, la, les, lui, leur, eux, se, soi*).

▌ Quand on te demande **d'étudier un pronom personnel,** tu dois indiquer :
– sa personne ;
– son genre (masculin, féminin ou neutre) ;
– son nombre (singulier ou pluriel) ;
– le mot ou le groupe de mots qu'il représente ;
– sa fonction grammaticale.

Ex. : *Les femmes ont peur des souris : ces petits mammifères les effraient au plus haut point.*

« les » : pronom personnel de la 3ᵉ personne, féminin pluriel, représentant le groupe nominal « les femmes », complément d'objet direct du verbe « effraient ».

▌ **Remarque** : « en » et « y » sont considérés comme pronoms personnels quand le premier signifie « de cela », le second « à cela ».

Ex. : *Toutes ces friandises me tentent beaucoup : je vais en acheter sans plus tarder. L'été est bientôt fini : je suis triste quand j'y pense.*

JE VÉRIFIE

	vrai	faux
1. Un pronom personnel représente toujours un mot ou un groupe de mots.	☐	☐
2. Étudier un pronom personnel, c'est dire s'il est placé avant ou après le verbe dont il dépend.	☐	☐

1. vrai – 2. faux ; il s'agit de déterminer sa personne, son genre, son nombre, le mot ou groupe de mots qu'il représente et sa fonction.

---

1 Complète par le pronom personnel qui convient.

1. Je planterai des chênes car je (........) préfère à tous les autres arbres.
2. Dès que la souris eut montré le bout de son nez, le chat bondit sur (........).
3. Va voir le professeur et dis-(........) que tu viens de ma part.
4. Il espérait bien revoir cet ami, il (........) avait gardé un si bon souvenir.
5. Prenez bien soin de ma voiture, j'(........) tiens énormément.
6. Si tu ne te sers plus de cet outil, prête-(........) moi.
7. Avant de manger ces champignons, montre-(........) moi.
8. La tentation était grande, mais elle ne s'(........) laissa pas prendre.

2 Écris entre parenthèses le nom ou le groupe nominal que remplace le pronom personnel.

1. Plusieurs fois par jour, Marie prenait un chiffon et frottait les meubles comme si elle (............) les (................) adorait. – 2. On entendit craquer l'arbre, puis il (..............) s'abattit d'un seul coup. – 3. Tous les verres sont brisés, pourtant ils (......................) étaient bien emballés. – 4. Ce disque, l'(....................) écoutez-vous, oui ou non ? – 5. Quand tu verras ton père, tu lui (............) diras que je pense souvent à lui (..............). – 6. Cette vieille dame aime les chats, elle les (....................) soigne bien.

3 Inscris la personne (1re, 2e, 3e) et le nombre (S, singulier ; P, pluriel) des pronoms personnels.

1. Ce n'est pas moi (............) qui t'(..............) empêcherai de partir. – 2. Reconnais-tu (..............) cet endroit ? – 3. Il (............) épluchait des caca-huètes et les (..............) jetait aux singes. – 4. Quand nous (................) les (..................) rencontrons, nous les saluons toujours. – 5. J'(............) ai soif. – 6. La fillette se mit à pleurer : son frère, avec son déguisement, lui (................) faisait peur. – 7. Ils (.......) se mirent à le (........) suivre, mais il ne leur (.......) prêta pas la moindre attention. – 8. Pendant plusieurs mois, le souvenir de mon accident de voiture continua à me (............) hanter.

Corrigé des exercices pages 226-227

24 REMPLACER UN GROUPE DE MOTS PAR UN PRONOM PERSONNEL

JE RETIENS

▌ Le pronom personnel **remplace** un mot ou un groupe de mots, généralement placé avant lui.

▌ Un pronom personnel peut remplacer :
– un nom ou un groupe nominal (c'est le cas le plus fréquent) ;
Ex. : *Le sanglier entra sans hésiter dans le sous-bois : il échappa alors au fusil de mon père.*
– un infinitif (ou un groupe infinitif) ;
Ex. : *Elle voulait m'inviter chez elle mais ne l'a pas encore fait.*
– un adjectif qualificatif (ou un groupe adjectival) ;
Ex. : *Adorable, elle l'était assurément ce jour-là.*
– un autre pronom (ou un groupe pronominal) ;
Ex. : *Mon voisin me prêta le sien : pourtant je ne le lui demandais pas.*
– une proposition.
Ex. : *Il ne voulait absolument pas nous suivre : je l'avais deviné bien avant tout le monde.*

▌ Le fait de remplacer un mot ou un groupe de mots par un pronom personnel s'appelle la **pronominalisation**. La personne (1re, 2e ou 3e), le genre (masculin, féminin ou neutre) et le nombre (singulier ou pluriel) du pronom personnel choisi doivent correspondre à la personne, au genre et au nombre du mot ou du groupe de mots qu'il remplace.

JE VÉRIFIE

	vrai	faux
1. Un pronom personnel remplace généralement un nom ou un groupe nominal.	☐	☐
2. Un pronom personnel doit avoir le même genre que le mot ou le groupe de mots qu'il remplace.	☐	☐

1 Souligne le mot ou le groupe de mots que remplace le pronom personnel en italique.

1. Le lendemain, comme il *l'*en avait prévenu, le chirurgien opéra son patient.
2. Votre rôle est important, mais le mien *l'*est davantage.
3. Lorsqu'il entendit cette chanson, il se dit qu'il *la* connaissait déjà.
4. Heureuse, oui, je *le* suis.
5. Dormir, elle *le* voudrait bien.
6. Il prendra du café, j'*en* étais sûr.
7. Que la partie n'est pas gagnée, nous *le* savons.

2 Complète par le pronom personnel qui convient.

1. Les paresseux, ici on ne .... aime pas. – 2. Ce restaurant, je vous .... recommande particulièrement. – 3. Le cortège se mit en marche ; .... se dirigea vers la mairie. – 4. Quand .... s'adressent à des inconnus, certaines personnes sont vraiment peu aimables. – 5. Dimanche, notre équipe a gagné le match ; .... améliore ainsi sa place au classement. – 6. Les juges se sont réunis ; .... ont acquitté l'accusé. – 7. Lorsqu'........ ont annoncé le résultat de la course, les organisateurs se sont trompés. – 8. Cette anecdote, je n'........ ai pas le moindre souvenir. – 9. Ce détail, personne n'........ avait prêté attention. – 10. Ces plongeurs, je .... souhaite bien du plaisir ! – 11. Toutes ces histoires, nous commençons à .... avoir par-dessus la tête.

3 Inscris le pronom personnel qui conviendrait pour remplacer le groupe de mots en italique.

1. Je suis fatigué de tes pitreries, *tes pitreries* ne m'amusent plus (........).
2. Veux-tu du gâteau ? *Ce gâteau* est délicieux (........).
3. Vides, ses poches étaient complètement *vides* (........).
4. J'ai réussi et je suis fier *d'avoir réussi* (........).
5. Avez-vous envoyé une lettre ? Je n'ai pas reçu *de lettre* (........).
6. Ce beau ciel bleu, ne nous fions pas *à ce beau ciel bleu* (........).
7. Le vieux pont, les promeneurs n'osaient pas traverser *le vieux pont* (........).
8. Elle n'avait pas voulu mettre son bonnet, je lui avais pourtant répété *de mettre son bonnet* (....).

Corrigé des exercices page 227

25 RECONNAÎTRE LES DIFFÉRENTS PRONOMS

JE RETIENS

■ Les pronoms remplacent généralement un nom ou son équivalent (un groupe nominal, un infinitif, un groupe infinitif, un autre pronom, etc.).

■ Il existe six catégories de pronoms. Ce sont :

– les **pronoms personnels** qui désignent les trois personnes de conjugaison : *je, me, moi, nous, tu, te, toi, vous, il, elle, le, lui, la, ils, elles, les, leur, eux, se, soi* ;

– les **pronoms démonstratifs** qui désignent l'être animé ou inanimé dont il est question : *celui, celle, ce, ceux, celles, celui-ci, celle-ci, celui-là, celle-là* ;

– les **pronoms possessifs** qui expriment la possession : *le mien, la mienne, les miens, les miennes, le tien, la tienne*, etc. ;

– les **pronoms relatifs** qui remplacent l'antécédent (voir fiche 61, page 165) : *qui, que, quoi, dont, où, lequel* et ses composés : *duquel, desquels, auquel, auxquelles*, etc. ;

– les **pronoms interrogatifs** qui servent à poser une question : *qui, que, quoi, lequel, laquelle*, etc. ;

– les **pronoms indéfinis** qui désignent des êtres animés ou inanimés non identifiés avec précision : *aucun, chacun, on, personne, plusieurs, quelqu'un, quelque chose, tout*, etc.

JE VÉRIFIE

	vrai	faux
1. Un pronom est un mot qui remplace un autre mot.	☐	☐
2. « aucun » est pronom dans : « Je ne connais aucun souci. »	☐	☐
3. Un pronom possessif exprime l'idée de possession.	☐	☐

1. vrai ; généralement, le pronom remplace un nom. – 2. faux ; un pronom s'emploie seul, sans nom. Dans cet exemple, « aucun » est adjectif indéfini. – 3. vrai.

1 **Complète par un pronom possessif.**

1. Tiens, prends mon couteau, il coupe mieux que ....
2. Comme notre voiture était en panne, notre voisin nous a prêté ....
3. Nous vous remercions de vos bons vœux, en échange recevez ....
....
4. Son assiette est encore pleine, son frère a déjà vidé ....
5. Son regard croisa ....
6. Je te rends ce livre, c'est ....

2 **Remplace les groupes nominaux en italique par un pronom démonstratif.**

1. Mets *les bottes* (..................) de ton frère.
2. *La voiture* (....................) de Dorothée est au garage.
3. *Le pull* (....................) de Marie est sur son lit.
4. Mon voisin de gauche est aimable, *mon voisin* (....................) de droite ne l'est pas.
5. Ce pull est à rayures, *ce pull-ci* (........................) est uni.
6. Les griffes du chat sont dangereuses, *les griffes* (....................) du tigre le sont bien plus.
7. Les cheveux de Sophie sont bien peignés, mais *les cheveux* (................) de sa sœur sont tout emmêlés.
8. On entendit un pas, *le pas* (............) d'un unijambiste.

3 **Souligne les pronoms indéfinis du texte suivant.**

Je veux voir le livre que tu as dérobé là-bas, après l'avoir lu, car tu ne voulais pas que d'autres le lussent, et que tu as caché ici, le protégeant de façon habile, et que tu n'as pas détruit parce qu'un homme tel que toi ne détruit pas un livre, mais le garde et veille à ce que personne ne le touche.

Umberto ECO, *Le Nom de la rose*.

Aide : *Il y en a deux.*

Corrigé des exercices page 227

26 RECONNAÎTRE UN ADVERBE

JE RETIENS

▐ Un adverbe est un **mot invariable** qui sert à compléter ou à renforcer le sens d'un mot ou d'un groupe de mots.

▐ Un adverbe peut être formé d'un ou de plusieurs mots (on parle dans ce dernier cas de **locution adverbiale**) : *hier, trop, par conséquent*, etc.

▐ Un adverbe **peut compléter** :
– un verbe : *Chacun s'accorde pour dire qu'il chante faux.*
– un adjectif : *Il s'est montré plutôt récalcitrant.*
– un autre adverbe : *Très calmement, l'accusé sortit du tribunal.*
– un nom : *Ce matin, il y avait beaucoup de vent.*
Quand il complète un adjectif ou un autre adverbe, l'adverbe se place toujours avant eux.

▐ Il existe **différentes sortes d'adverbes**. Ce sont :
– les adverbes circonstanciels, qui peuvent exprimer la manière (*bien, vite, aisément*, etc.), le lieu (*ici, partout*, etc.) ou bien le temps (*maintenant, aussitôt*, etc.) ;
– les adverbes de liaison : *d'abord, ensuite, enfin, par ailleurs, c'est pourquoi*, etc. ;
– les adverbes d'intensité et de quantité : *assez, trop, peu*, etc. ;
– les adverbes d'affirmation : *oui, assurément*, etc. ;
– les adverbes de négation : *non, ne... pas, ne... jamais*, etc. ;
– les adverbes interrogatifs : *quand ? comment ? combien ?*, etc. ;
– les adverbes exclamatifs : *que ! comme ! combien !*

JE VÉRIFIE

	vrai	faux
1. Un adverbe peut compléter un nom.	☐	☐
2. Un adverbe peut exprimer le temps.	☐	☐

1. vrai – 2. vrai.

1 Remplace les adverbes simples en italique par l'une des locutions adverbiales suivantes : *tout de suite, tout à coup, à peu près, petit à petit, tout à fait, à tout bout de champ.*

1. Je l'ai *aussitôt* (.....................................) rassuré. – 2. Je suis *totalement* (............
...................) de ton avis. – 3. *Soudain* (.................................), un orage éclata. –
4. Mon chat me réclame *toujours* (....................................) de la nourriture. –
5. Il sentait *progressivement* (...................................) le sommeil le gagner. –
6. Pour faire ce travail, il faut *environ* (...........................) deux heures.

2 Souligne les adverbes et les locutions adverbiales du texte suivant.

Visiblement, la guerre de ce côté avait arrêté net la construction des lotissements de plaisance gagnés sur les bois. La forêt peu à peu regagnait son terrain ; les tourbillons de feuilles patrouillaient librement dans les avenues, les futaies hirsutes qui se coulaient maintenant par-dessus les murs faisaient penser à ces bêtes domestiques dont le poil se dresse et s'embroussaille au cri d'appel tout proche de leurs frères sauvages. Je me sentis tout à coup plus que seul, sur cette lisière qui pliait bagage.

Julien GRACQ, *La Presqu'île.*

Aide : *Il y en a sept.*

3 Si tu devais mettre chacune des phrases suivantes à la forme négative, quelle locution adverbiale de négation utiliserais-tu parmi celles-ci : *ne... pas, ne... plus, ne... jamais, ne... aucunement, ne... que* ?

1. Je suis tout à fait choqué par ce comportement (............................). – 2. Il aime seulement les risques calculés (.....................). – 3. Il va toujours en vacances à la mer (.......................). – 4. Il a entendu (........................). – 5. À quatre-vingts ans, il conduit encore (.......................).

Corrigé des exercices page 227

27 RECONNAÎTRE UNE PRÉPOSITION

JE RETIENS

■ Les prépositions sont des **mots invariables** qui servent à introduire toutes sortes de compléments. Elles peuvent être formées d'un mot ou de plusieurs (on parle en ce cas de **locution prépositive**).
Ex. : *sans, avec, pour, malgré, à cause de, grâce à, près de,* etc.

■ Les prépositions peuvent introduire :
– des noms : *Fatiguée par tant d'efforts, elle s'appuya contre le mur.*
– des pronoms : *Il n'entend prendre parti que pour les siens.*
– des infinitifs : *Sans vouloir médire, je la trouve bien rancunière.*
– des adverbes : *Je l'ai manqué de peu.*

■ Les prépositions **introduisent** surtout **des compléments du verbe** (COI, ou COS, complément d'agent, compléments circonstanciels), mais aussi des compléments de détermination :
– **du nom** : *La maison de mon grand-père se trouve près d'ici.*
– **du pronom** : *Votre voiture me plaît bien plus que celle de mon père.*
– **de l'adjectif** : *Elle était si bonne envers nous !*
– **de l'adverbe** : *Ce criminel sera puni, conformément à la loi.*

JE VÉRIFIE

	vrai	faux
1. La préposition précède toujours le mot qu'elle détermine.	☐	☐
2. Une même préposition peut servir pour des fonctions grammaticales différentes.	☐	☐

1. vrai – 2. faux.

97

1 **Complète par une préposition.**

1. Ces garçons paraissent pleins .... courage et .... détermination. – 2. Il a promis de nous écrire .... cinq ou six jours. – 3. Les soldats ont marché toute la journée .... bois et .... champs. – 4. Veux-tu y aller .... voiture ou .... train ? – 5. En tombant, il s'est blessé .... la tête. – 6. C'est un livre .... lire.

2 **Souligne le mot en italique s'il s'agit d'une préposition ou d'une locution prépositive.**

On avait allumé *un* grand feu *de* bivouac *autour* duquel quelques officiers s'entretenaient *à* voix basse, *d'*un air morne. Des bruits *de* capitulation couraient depuis la veille *dans* les camps. Le colonel, qui était un homme *déjà* mûr, *à* moustaches grisonnantes, allait *et* venait solitairement, *à* quelque distance, en froissant *dans* sa main l'ordre que je lui avais apporté. Tout à coup, il s'approche *de* moi et *me* saisit le bras. « Capitaine, me dit-il *avec* l'accent *d'*un homme qui va *en* provoquer mortellement un autre, deux mots, je vous prie ! Vous venez *du* quartier général, vous devez en savoir plus long que moi. C'est la fin, n'est-ce pas ?
– Mon colonel, on le dit et je le crois. »

Octave FEUILLET, *Journal d'une femme*, Éd. Calmann-Lévy.

Aide : *Il y en a treize.*

3 **Inscris la fonction grammaticale des mots introduits par les prépositions.**

1. On perçut le bruit d'une voiture (....................).
2. Les mendiants souffrent de notre ingratitude (............................).
3. Aucun de ses amis (..............................) n'est venu lui souhaiter son anniversaire.
4. Il n'est pas interdit de parler (..............................).
5. Les bourgeons éclosent avec plaisir (..............................).
6. Honteux de sa conduite (..............................), il demanda pardon.
7. Contrairement à sa sœur, elle est excellente en mathématiques (................).
8. Notre maire est estimé de tous (..........................).

Corrigé des exercices page 227

28 RECONNAÎTRE UNE CONJONCTION

JE RETIENS

▌ Il existe deux sortes de conjonctions :
– les conjonctions de **coordination** ;
– les conjonctions de **subordination**.

▌ Les conjonctions de coordination servent à **relier** deux mots ou deux groupes de mots **de même nature et de même fonction**. Il en existe sept : *mais, ou, et, donc, or, ni, car.*
Ex. : *Les chiens et les chats sont les animaux domestiques les plus courants.*
Il prit sa canne à pêche mais ne se dirigea pas vers la rivière.

▌ Les conjonctions de subordination servent, quant à elles, à **introduire une proposition subordonnée conjonctive**. Les conjonctions de subordination présentent :
– soit une forme simple : *que, quand, lorsque, si, puisque, comme, quoique* ;
– soit une forme composée (on parle en ce cas de locutions conjonctives) : *parce que, alors que, pour que,* etc.

▌ Attention à certaines confusions : ainsi, « que » peut être aussi un pronom relatif ou un pronom interrogatif ; « si » peut être également utilisé comme adverbe interrogatif, etc.

JE VÉRIFIE

	vrai	faux
1. Une conjonction de coordination peut relier deux mots de natures différentes.	☐	☐
2. On appelle locution conjonctive une conjonction de subordination formée de plusieurs mots.	☐	☐

---

1. faux ; elle sert à relier deux mots de même nature et de même fonction. – 2. vrai.

1 Complète par des conjonctions de coordination.

1. Dépêchons-nous .... l'orage va bientôt éclater.
2. Il n'aime .... la viande .... les légumes.
3. Veux-tu manger au jardin .... dans la véranda ?
4. Nous avons un peu d'avance, nous pouvons .... aller boire un verre.
5. Il avait bien plu, ... la terre restait sèche.
6. La salle des fêtes est fermée .... on y fait des travaux.
7. Écoutez-le .... ne l'écoutez pas, c'est comme vous voulez.

2 Souligne les conjonctions et les locutions conjonctives de subordination contenues dans le texte suivant.

Quand nous quittâmes l'auberge d'en haut, les nuages étaient au-dessous de nous. Quelques sapins les dépassaient du faîte, mais, à mesure que nous descendions, nous entrions positivement dans le vent, dans la pluie, dans la grêle. Bientôt nous fûmes pris, enlacés dans un réseau d'éclairs. Tout près de nous un sapin roula foudroyé, et, tandis que nous dégringolions un petit chemin de schlittage, nous vîmes à travers un voile d'eau ruisselante un groupe de petites filles abritées dans un creux de roches.

Alphonse DAUDET, *Contes du lundi*, Flammarion, 1985.

Aide : *Il y en a trois.*

3 Quelle conjonction de subordination (ou locution conjonctive) utiliserais-tu parmi celles qui te sont proposées, s'il te fallait transformer en subordonnée de même sens chacun des groupes nominaux en italique ? (*si, bien que, dès que, parce que*)

1. Tu n'as pas fait ton travail *par paresse* (....................). – 2. *En cas de pluie*, nous n'irons pas nous promener (....................). – 3. Les malfaiteurs furent arrêtés *à leur sortie de la banque* (....................). – 4. Il tremblait *de froid* (....................). – 5. *Au lever du jour*, les coqs chantent (....................). – 6. *En cas de fièvre*, il faudra appeler le médecin (....................). – 7. *Malgré son mauvais caractère,* il aime rendre service (....................).

Corrigé des exercices page 227

29 DISTINGUER VERBE TRANSITIF ET VERBE INTRANSITIF

JE RETIENS

▌ Distingue bien :
– les verbes **transitifs,** qui sont construits avec un complément d'objet ;
– les verbes **intransitifs,** qui sont construits sans complément d'objet.

▌ Parmi les verbes transitifs, on distingue :
– les verbes **transitifs directs,** qui sont construits avec un complément d'objet direct (COD) ;
Ex. : *Les coureurs gravissaient <u>la colline à toute allure</u>* (COD).
– les verbes **transitifs indirects,** construits avec un complément d'objet indirect (COI) ;
Ex. : *Tous les élèves aspiraient <u>aux vacances</u>* (COI).
– les verbes **transitifs doubles,** construits avec deux compléments d'objet.
Ex. : *Elle offrit <u>à chacun d'entre nous</u>* (COS) *<u>un magnifique cadeau</u>* (COD).

▌ La plupart des verbes intransitifs peuvent également être employés comme verbes transitifs, directs ou indirects, mais avec un sens différent.
Ex. : *L'orateur parlait avec éloquence.* (verbe intransitif)
    Mon père parlait souvent <u>de son enfance</u>. (verbe transitif indirect)

▌ Quelques verbes peuvent être employés à la fois comme verbes transitifs directs et comme verbes transitifs indirects.
Ex. : *L'avant-centre manqua <u>le but</u>.* (verbe transitif direct)
    Il manqua <u>à tous ses engagements</u>. (verbe transitif indirect)

JE VÉRIFIE

	vrai	faux
1. Un verbe transitif, construit avec un complément d'objet indirect, est dit transitif direct.	☐	☐
2. Un même verbe peut être transitif ou intransitif, selon l'emploi qui en est fait.	☐	☐

1. faux ; on l'appelle alors transitif indirect. – 2. vrai.

1 Écris T si le verbe est transitif et I si le verbe est intransitif.

1. À ses oreilles brillent (...) deux diamants. – 2. La vieille dame eut (...) un sourire qui lui dessinait (...) des soleils au coin des yeux. – 3. On entend (...) le pépiement des oiseaux. – 4. J'arriverai (...) bientôt, je sais (...) que tu m'attends (...). – 5. Il referma (...) son sac et partit (...). – 6. Elle semblait (...) sûre d'elle. – 7. Le chasseur a visé (...), a tiré (...), mais a manqué (...) le lièvre. – 8. Elle pardonne (...) à tout le monde, même à ses ennemis. – 9. Répondez (...) correctement, je vous prie (...).

2 Écris TD si le verbe est transitif direct, TI s'il est transitif indirect et TDO s'il est transitif double.

1. Elle rêve (........) d'un bel amour qui durerait toujours. – 2. Le professeur distribuait (........) un travail à ses élèves. – 3. Tu ressembles (........) à ton arrière-grand-mère. – 4. À Paris, des Japonais photographiaient (........) tous les monuments. – 5. Le soir, ma mère me lisait (........) une histoire. – 6. De temps en temps, l'enfant interrompait (........) ses jeux. – 7. Ses vêtements ressemblaient (........) à des chiffons. – 8. Il donne (........) un coup d'éperon à son cheval.

3 Écris TD si le verbe est transitif direct, TI s'il est transitif indirect et I s'il est intransitif.

1. Il applaudit le chanteur (........), il applaudit à tout rompre (........), il applaudit de toutes ses forces (........). – 2. Il consent un prêt (........), il consent à quitter les lieux (........), il consent finalement (........). – 3. Il croit encore (........), il ne croit à rien (........), il croit tout (........). – 4. Il traite de la guerre de Cent Ans (........), il traite une affaire (........), il traite adroitement (........). – 5. Il use de ses forces (........), il use son pantalon (........), il use beaucoup trop (........). – 6. Il touche son salaire (........), il touche gros (........), il touche à tout (........).

Corrigé des exercices pages 227-228

30 DISTINGUER VOIX ACTIVE ET VOIX PASSIVE

JE RETIENS

▌ Distingue bien :
– la **voix active**, où le sujet fait l'action indiquée par le verbe ;
Ex. : *Le vent souffle fort ce matin.*
– la **voix passive**, où le sujet subit l'action indiquée par le verbe.
Ex. : *Tous les témoins furent interrogés par la police.*

▌ Un verbe passif se conjugue à tous les temps avec l'**auxiliaire « être »**, le temps de l'auxiliaire correspondant au temps du verbe passif.
Ex. : *La vieille bâtisse a été restaurée par le maçon du village.*
(verbe passif au passé composé)
Dans certains cas, l'auxiliaire « être » est sous-entendu.
Ex. : *Frappés de stupeur, nous n'osions plus faire un geste.*
Attention ! Certains verbes actifs se conjuguent avec « être » aux temps composés.
Ex. : *Je suis sorti aussitôt.* (verbe actif utilisé au passé composé)

▌ Le verbe passif n'a jamais de complément d'objet, mais un **complément d'agent** :
– exprimé (et introduit par les prépositions « par » ou « de ») ;
Ex. : *L'épreuve est organisée par le comité des fêtes.*
– ou sous-entendu.
Ex. : *La façade avait été repeinte.*

JE VÉRIFIE

	vrai	faux
1. Un verbe passif se conjugue à tous les temps avec l'auxiliaire « être ».	☐	☐
2. Un verbe passif est parfois construit avec un complément d'objet.	☐	☐

1. vrai – 2. faux ; il n'y a jamais de complément d'objet, mais un complément d'agent souvent.

1 Écris A si la phrase est active, P si elle est passive.

1. L'herbe était fraîchement coupée. (...) – 2. Les Indiens dansaient autour du feu. (...) – 3. La salle était éclairée par une vive lumière. (...) – 4. Le gâteau était décoré d'amandes. (...) – 5. Sur la pelouse se trouvaient çà et là des nains de jardin. (...) – 6. Elle fut réveillée par la fanfare municipale. (...) – 7. Un détective le suivait toute la journée. (...) – 8. Le jardin était embaumé d'un délicat parfum de rose. (...) – 9. Une araignée a tissé sa toile dans un coin du plafond. (...)

Aide : *À l'actif, le sujet fait l'action exprimée par le verbe.*

2 Coche les phrases qui contiennent un complément d'agent.

1. Il tira sur la corde de toutes ses forces. .... ☐
2. Son chapeau était surmonté d'un imposant bouquet de lilas. .... ☐
3. Les acteurs sont sortis par les coulisses. .... ☐
4. Elle savait sa leçon par cœur. .... ☐
5. Ses vêtements étaient tachés de boue. .... ☐
6. Les chevaux furent dételés par le valet de ferme. .... ☐
7. Le vase fut renversé par inadvertance. .... ☐
8. Par bonheur, elle fut accueillie à son retour par ses parents. .... ☐

Aide : *N'oublie pas qu'un complément d'agent devient sujet dans la phrase tournée à l'actif.*

3 Écris A si le verbe est à l'actif, P s'il est au passif.

1. L'enfant *fut puni* pour avoir menti. (...) – 2. Deux coups *furent frappés* à la porte. (...) – 3. Je *fus surpris* de la trouver déjà debout. (...) – 4. Longtemps après sa mort, il *était* encore *haï*. (...) – 5. Après une longue absence, je *suis parvenu à la revoir.* (...) – 6. Il faut que l'ordre *soit rétabli* dans cet établissement. (...) – 7. Sa décision *fut approuvée* à l'unanimité. (...) – 8. Je *suis passé* par la porte du garage. (...) – 9. Je *suis venu* par hasard. (...)

Aide : *Tu peux mettre les verbes actifs au présent sans changer le sens de la phrase.*

Corrigé des exercices page 228

31 FAIRE UNE TRANSFORMATION PASSIVE OU ACTIVE

JE RETIENS

■ Transformer une phrase active en phrase passive entraîne les modifications suivantes :
– le sujet actif devient **complément d'agent** (introduit par les prépositions « par » ou « de ») ;
– le complément d'objet direct actif devient **sujet passif** ;
– le verbe actif est conjugué à la **voix passive** (auxiliaire « être » au temps du verbe actif + participe passé correctement accordé avec le sujet passif).
Ex. : *La prestation du prestidigitateur étonna tous les spectateurs.*
  → *Tous les spectateurs furent étonnés par la prestation du prestidigitateur.*
La transformation active (transformation d'une phrase passive en phrase active) est obtenue grâce aux opérations inverses.

■ **Remarques** :
– Si une phrase active ne contient pas de complément d'objet direct, on ne peut pas procéder à la transformation passive.
– Si une phrase active a pour sujet le pronom indéfini « on », le complément d'agent est sous-entendu dans la phrase passive correspondante.
Ex. : *On étala les marchandises* (voix active).
  → *Les marchandises furent étalées* (voix passive).

JE VÉRIFIE

	vrai	faux
1. La transformation passive fait du sujet actif un complément d'agent.	☐	☐
2. La transformation passive est toujours possible.	☐	☐

1. vrai ; celui-ci est introduit par les prépositions « de » ou « par ». – 2. faux ; elle est impossible si la phrase ne contient pas de complément d'objet direct ou si la phrase obtenue est incorrecte.

1 Coche la transformation passive qui convient.

1. Le médecin m'a interdit l'alcool.

☐ a. L'alcool me fut interdit par le médecin. ☐ b. L'alcool m'a été interdit par le médecin. ☐ c. L'alcool m'a été interdit.

2. On m'invita à danser.

☐ a. Je fus invitée à danser par de nombreux cavaliers. ☐ b. J'ai été invitée à danser. ☐ c. Je fus invitée à danser.

3. Des fossés entourent le château.

☐ a. Le château est entouré de fossés. ☐ b. Le château a été entouré de fossés. ☐ c. Le château fut entouré de fossés.

4. Mon frère viendra ce soir.

☐ a. Ce soir sera venu par mon frère. ☐ b. Transformation impossible. ☐ c. On viendra ce soir.

2 Coche la transformation active qui convient.

1. Le blessé était entouré de badauds.

☐ a. Des badauds étaient autour du blessé. ☐ b. Des badauds entouraient le blessé. ☐ c. Des badauds entourèrent le blessé.

2. Les voleurs furent arrêtés.

☐ a. On arrêta les voleurs. ☐ b. Nous arrêtons les voleurs. ☐ c. Nous arrêtâmes les voleurs.

3. Les routes seront bientôt recouvertes de verglas.

☐ a. On recouvrira bientôt les routes de verglas. ☐ b. Le verglas recouvrira bientôt les routes. ☐ c. Les verglas recouvriront bientôt les routes.

4. Il fut apprécié de tous.

☐ a. On l'apprécia. ☐ b. Nous l'appréciâmes. ☐ c. Tous l'apprécièrent.

Corrigé des exercices page 228

32 DISTINGUER LES DIFFÉRENTS MODES

JE RETIENS

❚ On distingue **six modes** différents :
– d'une part l'indicatif, le subjonctif et l'impératif, modes personnels (dont les formes varient selon les personnes) ;
– d'autre part l'infinitif, le participe et le gérondif, modes non personnels (dont les formes ne varient pas selon les personnes).

❚ Les **modes personnels** se distinguent par la façon dont ils présentent les faits :
– l'indicatif présente les faits comme réels ou considérés comme tels ;
Ex. : *Il travaille avec acharnement.*
– le subjonctif présente les faits comme simplement envisagés et associés à l'expression d'un sentiment (le souhait, la surprise, l'indignation...) ;
Ex. : *Pourvu qu'il travaille avec acharnement !*
– l'impératif présente les faits comme l'expression d'un ordre.
Ex. : *Travaille avec acharnement !*

❚ Les **modes non personnels** se distinguent par les fonctions qu'ils peuvent prendre :
– l'infinitif présente les faits à la façon d'un nom abstrait dont il prend les fonctions ;
Ex. : *Il aime travailler* (le travail).
– le participe présente les faits à la façon d'un adjectif dont il prend les fonctions ;
Ex. : *Il s'agit d'une œuvre particulièrement travaillée.*
– le gérondif présente les faits à la façon d'un adverbe dont il prend les fonctions.
Ex. : *En travaillant avec acharnement, il ne peut que réussir.*

1 Écris P si le verbe en italique est à un mode personnel, NP s'il est à un mode non personnel.

1. Ne pas *marcher* (...) sur les pelouses ! – 2. Tu ne *dois* (...) pas marcher sur les pelouses. – 3. Il *entra* (...), *laissant* (...) son chien dehors. – 4. Il *veut* (...) absolument vous rencontrer. – 5. À peine rentrés, nous *lisons* (...) notre courrier. – 6. *Va* (...) *chercher* (...) à boire. – 7. Le ciel *se reflétait* (...) dans l'eau.

2 Inscris le mode des verbes en italique.

1. Si vous le *pouvez* (......................), *retenez*-le (....................) à dîner. – 2. Cueille cette fleur avant qu'elle *soit fanée*. (......................) – 3. Il ne faut pas *faire* (....................) tout ce chemin pour si peu. – 4. Nous *avons habité* (.......................) pendant trente ans au même endroit. – 5. *En traversant* (...........................) la rue, il se fit renverser par une voiture.– 6. Le travail est trop important pour qu'il *puisse* (...........................) en venir à bout tout seul. – 7. C'était comme si une catastrophe *s'était produite* (.........................) tout à coup. – 8. Il semblait qu'elle *ne guérirait jamais* (...............................).

3 Qu'exprime le subjonctif (un ordre, un souhait, une surprise, une indignation) ?

1. Pourvu que les pompiers arrivent à temps ! (....................) – 2. Que personne ne bouge ! (....................) – 3. Que ce gringalet ait réussi à soulever l'armoire me surprend. (...................) – 4. Que je lui mente ? Jamais ! (..........................) – 5. Qu'il vienne immédiatement ! (.............................)

4 Écris I si le verbe en italique est à l'indicatif, S s'il est au subjonctif.

1. Nous savons qu'elle *joue* (...) la comédie. – 2. Il est ravi que son salaire *augmente*. (...) – 3. Nous devons rentrer avant que la marée *monte*. (...) – 4. Nous sommes tristes que les vacances *finissent*. (...) – 5. Il s'entraîne tellement qu'il *saute* (...) de plus en plus haut. – 6. J'ai été étonnée qu'elle ne *mange* (...) que des légumes. – 7. Je dois reconnaître que je *bouge* (...) dans mon sommeil.

Aide : *S'il est au subjonctif, la terminaison serait « -ions » à la première personne du pluriel.*

Corrigé des exercices page 228

33 APPLIQUER LA RÈGLE DE CONCORDANCE DES TEMPS

JE RETIENS

■ Que signifie « appliquer la règle de concordance des temps » ? C'est établir un rapport entre le temps du verbe de la **principale** et celui du verbe de la **subordonnée** qui en dépend.

■ Cas où le verbe de la proposition subordonnée est à l'indicatif.

VERBE DE LA PRINCIPALE	VERBE DE LA SUBORDONNÉE
Présent ou **futur simple** *Il prétend* (ou *prétendra*)...	Emploi des temps libre selon le moment où se situe l'action par rapport à celle de la principale. ... *qu'elle vit/vivait/vivra/a vécu/ici.*
Passé (imparfait, passé simple, passé composé...) *Il prétendait (prétendit)...* *Il prétendait...* *Il prétendait...*	• **Imparfait** si l'action de la principale et de la subordonnée sont simultanées. ... *qu'elle l'aimait.* • **Plus-que-parfait** si l'action de la subordonnée est antérieure à celle de la principale. ... *qu'elle l'avait aimé.* • **Futur dans le passé** si l'action de la subordonnée est postérieure à celle de la principale. ... *qu'elle l'aimerait.*

JE VÉRIFIE

	vrai	faux
1. Le temps du verbe de la subordonnée dépend de celui du verbe de la principale.	☐	☐
2. On doit utiliser l'imparfait dans la subordonnée si le verbe principal est au passé.	☐	☐

1. vrai ; il dépend aussi du moment où se situe l'action de la subordonnée par rapport à celle de la principale. – 2. faux ; on peut aussi utiliser un autre temps selon le sens qu'on veut donner à la phrase.

1 Écris le verbe au temps qui convient.

1. Je croyais qu'il (être) .... tard. – 2. Il pensait que je (raconter) .... n'importe quoi. – 3. Je prétendais que tu (avoir) .... tort. – 4. Quand je le (regarder) ...., je croyais voir son grand-père. – 5. À l'heure du repas, elle s'apercevait souvent qu'elle (oublier) .... d'acheter de quoi manger. – 6. Il éteignait la télévision quand il (avoir) .... mal à la tête. – 7. Quand il (se coucher) .... , il lisait toujours le même livre. – 8. Il y avait quelque chose de bizarre dans l'individu qui (venir) .... d'entrer.

Aide : *Plusieurs réponses sont parfois possibles.*

2 Si le verbe de la subordonnée exprime l'antériorité de l'action par rapport à celle de la principale, écris A, s'il exprime la simultanéité, écris S, s'il exprime la postériorité, écris P.

1. L'enfant se disait qu'il *ne fallait pas* avoir peur. (...)
2. Le père savait qu'après sa mort son argent *ne durerait pas* longtemps. (...)
3. Un communiqué annonça qu'un bateau *avait coulé* avec tous ses passagers. (...)
4. Ils jugèrent qu'ils *avaient attendu* assez longtemps et s'en allèrent. (...)
5. Son émotion était si grande qu'il *ne pouvait* dire un mot. (...)
6. Les Gaulois s'imaginaient qu'un jour le ciel leur *tomberait* sur la tête. (...)

3 Complète chacune des principales à l'aide de l'une des subordonnées proposées.

1. En lisant ta lettre, il comprendra enfin...
2. Le cheval se cabrait...
3. Tout le monde croyait...
4. Le berger avait remarqué...
5. Nous espérons tous...

a. ... qu'il avait bien vieilli.
b. ... dès qu'il l'apercevait.
c. ... que tu ne lui en veux pas.
d. ... qu'il viendra.
e. ... qu'il viendrait.

1. (...) – 2. (...) – 3. (...) – 4. (...) – 5. (...).

Corrigé des exercices page 228

34 DISTINGUER LES DEUX TYPES D'ÉNONCÉ

JE RETIENS

▌ Il te faut distinguer deux types d'énoncé :
– le discours ancré dans la situation d'énonciation, où l'auteur rapporte des faits ou des opinions en intervenant (mémoires, essais, lettres, etc.) ;
– le discours coupé de la situation d'énonciation, où l'auteur rapporte des faits réels ou imaginaires sans intervenir (romans, nouvelles, contes, etc.).

▌ Les traits caractéristiques du discours ancré dans la situation d'énonciation sont :
– l'emploi des **première et deuxième personnes** (*je, nous, tu, vous*) ;
– l'emploi du **présent de l'indicatif** comme temps de référence ;
– l'emploi des adverbes « **ici** » et « **maintenant** » comme connecteurs spatio-temporels de référence.

Ex. : « *Comme je n'ai pas dans ce monde-ci cent cinquante mille moustaches à mon service, je ne prétends point du tout faire la guerre. Je ne songe qu'à déserter honnêtement, à prendre soin de ma santé, à vous revoir, à oublier ce rêve de trois années.* »

VOLTAIRE, *Correspondance*, lettre à sa nièce, Mme Denis, 18 décembre 1752.

▌ Les traits caractéristiques du discours coupé de la situation d'énonciation sont :
– l'emploi de la **troisième personne** (*il, elle, ils, elles*) ;
– l'emploi du **passé simple** ou de l'**imparfait** de l'indicatif comme temps de référence ;
– l'emploi des adverbes « **là-bas** » et « **alors** » comme connecteurs spatio-temporels de référence.

Ex. : « *Avec la vivacité et la grâce qui lui étaient naturelles, madame de Rênal sortait par la porte-fenêtre du salon qui donnait sur le jardin, quand elle aperçut près de la porte d'entrée la figure d'un jeune paysan presque encore enfant, extrêmement pâle et qui venait de pleurer.* »

STENDHAL, *Le Rouge et le Noir*, Larousse, 1971.

1 **Lis ce texte et réponds aux questions posées.**

Un Arabe et sa tribu avaient attaqué dans le désert la caravane de Damas ; la victoire était complète, et les Arabes étaient déjà occupés à charger leur riche butin, quand les cavaliers du pacha d'Acre, qui venaient à la rencontre de cette caravane, fondirent à l'improviste sur les Arabes victorieux, en tuèrent un grand nombre, firent les autres prisonniers, et, les ayant attachés avec des cordes, les emmenèrent à Acre pour en faire présent au pacha.

Le chef arabe, Abou-el-Marsch, avait reçu une balle dans le bras pendant le combat ; comme sa blessure n'était pas mortelle, les Turcs l'avaient attaché sur un chameau, et, s'étant emparés du cheval, emmenaient le cheval et le cavalier.

LAMARTINE, *Voyage en Orient.*

À quelle personne est écrit ce texte ?

....

Quels y sont les temps dominants ?

....

S'agit-il donc d'un discours ancré dans la situation d'énonciation ou coupé de la situation d'énonciation ?

....

2 **S'agit-il d'un discours ancré dans la situation d'énonciation ou coupé de la situation d'énonciation ?**

1. Je regarde comme impie et détestable cette maxime qu'en matière de gouvernement la majorité d'un peuple a le droit de tout faire, et pourtant je place dans les volontés de la majorité l'origine de tous les pouvoirs. Suis-je en contradiction avec moi-même ?

A. de TOCQUEVILLE, *De la démocratie en Amérique.* (...................................)

2. Le premier mouvement de Tartarin à l'aspect de sa malheureuse victime fut un mouvement de dépit. Il y a si loin en effet d'un lion à un *bourriquot* !... Son second mouvement fut tout à la pitié. Le pauvre bourriquot était si joli ; il avait l'air si bon ! La peau de ses flancs, encore chaude, allait et venait comme une vague. Tartarin s'agenouilla, et du bout de sa ceinture algérienne essaya d'étancher le sang de la malheureuse bête.

Alphonse DAUDET, *Tartarin de Tarascon.* (...................................)

Corrigé des exercices page 228

35 PRÉCISER LA VALEUR D'UN PRÉSENT DE L'INDICATIF

▌ Le présent de l'indicatif est le temps privilégié du **discours ancré dans la situation d'énonciation** : il sert principalement à traduire les faits constatés au moment où l'on s'exprime, aussi bien à l'oral qu'à l'écrit ; il s'agit dans ce cas d'un **présent d'actualité**.

Ex. : *La pluie tombe sans arrêt.*

▌ Dans un **discours coupé de la situation d'énonciation**, tu peux employer le présent de l'indicatif :

– pour exprimer une considération d'ordre général (**présent de vérité générale**) ;

Ex. : *Bien mal acquis ne profite jamais !*

– pour rendre une action plus vivante et la mettre en relief grâce à l'effet de rupture ainsi créé dans l'utilisation des temps (**présent de narration**) ;

Ex. : *La foule m'oppressait, me happait, me broyait : je me débats, use de mes bras comme de moulinets, pousse des cris d'orfraie, tant et si bien que je parvins à me dégager.*

– pour rendre plus proches et plus marquants des événements du passé (**présent historique**).

Ex. : *Le 14 Juillet 1789, le peuple de Paris ne prend pas la Bastille : elle se rend.*

▌ Dans la langue orale, le présent de l'indicatif peut servir à indiquer :

– un **passé proche** ;

Ex. : *Vous n'avez pas de chance : il part à l'instant !*

– un **futur proche**.

Ex. : *Ils partent en vacances demain matin.*

JE VÉRIFIE

	vrai	faux
1. Le présent de narration sert à rendre plus vivante une action dans un discours coupé de la situation d'énonciation.	☐	☐
2. Afin de rendre plus proche un événement du passé, on utilise le présent d'actualité.	☐	☐

1. vrai – 2. faux ; on utilise dans ce cas le présent historique.

1 Inscris, pour chaque phrase, la valeur du présent : présent d'actualité (PA), présent de vérité générale (PV), présent de narration (PN) ou présent historique (PH).

1. On frappe à la porte. (........)
2. Qui dort dîne. (........)
3. Napoléon meurt en 1821. (........)
4. Sa femme l'énervait ce soir-là : il prend son manteau et sort. (........)
5. J'arrive de Paris. (........)
6. Au printemps, les oiseaux chantent. (........)
7. C'est en forgeant qu'on devient forgeron. (........)
8. L'offensive allemande sur Verdun commence en février 1916. (........)
9. Pierre qui roule n'amasse pas mousse. (........)
10. La fête battait son plein : les enfants chantent, crient, sautent. (........)

2 Relève dans le texte suivant une phrase utilisant le présent de narration et deux autres utilisant le présent de vérité générale.

Ce matin-là, comme tous les matins, M. Durand était en retard. Il avait bien entendu son réveil, il l'avait arrêté mais s'était rendormi. Il se leva sans allumer la lumière : il ne voulait pas réveiller sa femme. Il se rendit pieds nus dans la salle de bains car il n'avait pas trouvé ses pantoufles. D'habitude, M. Durand faisait rapidement sa toilette mais ce jour-là il s'était coupé en se rasant. Rien ne sert de courir, il faut partir à point ! Puis il va dans la cuisine, fait chauffer son café, met ses tartines à griller et, pour gagner du temps, sort sa voiture du garage. Habituellement tout se passait bien, mais quand il revint dans la cuisine les tartines avaient brûlé et le café avait bouilli. M. Durand devrait savoir qu'il ne faut pas mettre la charrue avant les bœufs.

Phrase utilisant le présent de narration :
....
Phrases utilisant le présent de vérité générale :
....
....

Corrigé des exercices page 228

36 DISTINGUER LES EMPLOIS DE L'IMPARFAIT ET DU PASSÉ SIMPLE

JE RETIENS

▌ L'imparfait et le passé simple de l'indicatif sont les deux temps privilégiés du **discours coupé de la situation d'énonciation**. Ne confonds pas cependant leurs valeurs d'emploi qui sont tout à fait opposées.

▌ **L'imparfait** sert à :

– décrire un décor, faire un portrait, peindre des états d'âme (valeur descriptive) ;

Ex. : *Le vent soufflait avec fureur, déracinait les chênes centenaires, fouettait de son haleine chargée de grêlons quelques passants imprudents.*

– traduire la durée d'un état ou d'une action passés (valeur durative) ;

Ex. : *La journée tout entière se passait ainsi à compter les minutes.*

– exprimer un état ou une action passés qui se répètent (valeur itérative).

Ex. : *Tous les jeudis, il prenait le thé chez sa voisine.*

▌ **Le passé simple** sert à évoquer :

– des faits passés inhabituels qui se produisent subitement, à un moment précis (valeur ponctuelle) ;

Ex. : *Dès qu'il fut rentré chez lui, il céda au plus grand découragement.*

– des faits passés inhabituels qui se répètent (valeur itérative).

Ex. : *L'envie lui prit plusieurs fois de tout dire à son père.*

JE VÉRIFIE

	vrai	faux
1. Pour décrire dans le passé, on utilise de préférence l'imparfait de l'indicatif.	☐	☐
2. Cette phrase est correcte : « Tout à coup, il partait sans se retourner. »	☐	☐

1. vrai – 2. faux ; l'adverbe « tout à coup » traduisant une action soudaine, il faut utiliser le verbe « partir » au passé simple.

1 **Mets les verbes à l'imparfait ou au passé simple.**

C'est au moment où il s'y (attendre) .... le moins qu'il (entendre) .... du bruit dans le grenier. Il (prêter) .... l'oreille : il lui (sembler) .... tantôt que quelqu'un (marcher) .... là-haut, tantôt qu'on (déplacer) .... des objets. Malgré sa peur, il (prendre) .... la décision de monter et quelle ne (être) .... pas sa surprise, quand il (allumer) .... la lumière, de voir s'enfuir deux loirs !

2 **Inscris, pour chacune des phrases suivantes, la valeur des imparfaits : imparfait descriptif (A), imparfait duratif (B) ou imparfait itératif (C).**

1. Durant l'été nous arrosions la pelouse chaque soir. (...)
2. Le joueur réfléchissait avant de jouer, bougeait un pion, puis un autre et finalement gagnait la partie. (…)
3. Ils passaient leur temps à se chamailler. (…)
4. Par mesure d'économie, on éteignait la lumière de bonne heure. (…)
5. Tous les matins, il était debout à cinq heures. (…)
6. Les hommes coupaient le blé, les femmes faisaient les gerbes et les enfants, eux, s'amusaient. (…)
7. Mon père s'entretenait depuis une heure avec le voisin.
8. Dès qu'il apercevait le curé, il s'enfuyait à toutes jambes. (…)

Aide : *Il y a quatre imparfaits itératifs.*

3 **Inscris, pour chacune des phrases suivantes, la valeur des passés simples : valeur ponctuelle (A) ou itérative (B).**

1. Brusquement, il tourna les talons et disparut sans dire un mot. (…)
2. Un coup de feu retentit à plusieurs reprises. (…)
3. Nous prîmes la décision de tuer notre chien. (…)
4. Aux douze coups de minuit sonnèrent toutes les cloches du bourg. (…)
5. Il confia de nouveau ce qu'il désirait le plus. (…)

Corrigé des exercices pages 228-229

37 EXPLIQUER L'EMPLOI DU CONDITIONNEL

JE RETIENS

▌ Le conditionnel est utilisé pour indiquer qu'un fait dépend d'un autre dont la réalisation est incertaine.

▌ Dans une proposition principale, le **conditionnel présent** traduit :
– soit un fait réalisable dans le futur (ou potentiel) ;
Ex. : *Je lui offrirais un très beau cadeau d'anniversaire s'il m'invitait.*
– soit un fait non réalisé dans le présent (ou irréel du présent).
Ex. : *Vous êtes aussi heureux que vous le seriez avec une fortune.*

Le **conditionnel passé** traduit un fait non réalisé dans le passé (ou irréel du passé).
Ex. : *L'incendie aurait diminué d'intensité si le vent était tombé.*

▌ Quand il n'est pas utilisé dans une proposition principale, le conditionnel peut aussi exprimer :
– un on-dit ;
Ex. : *Des passants auraient assisté au meurtre.*
– un sentiment vif (indignation, regret, exaspération...) ;
Ex. : *Croyez-vous vraiment que j'accepterais une telle insolence ?*
– une demande polie ;
Ex. : *Pourriez-vous m'aider à retrouver mon chien ?*
– une fiction.
Ex. : *Tu serais le voleur et moi le gendarme.*

JE VÉRIFIE

	vrai	faux
1. Le conditionnel traduit un fait (ou un état) dont la réalité ne peut être mise en doute.	☐	☐
2. L'irréel du passé ne peut être exprimé que par un conditionnel passé.	☐	☐

1. faux ; le conditionnel est le mode de l'incertain. – 2. vrai.

117

1 **Précise si le conditionnel a la valeur d'un potentiel (A), d'un irréel du présent (B) ou d'un irréel du passé (C).**

1. Tu t'achèterais une jolie robe et tu irais au bal si nous avions de l'argent. (...)
2. Je serais un prince si je vivais à une autre époque. (...)
3. Si j'avais su, je ne vous aurais rien demandé. (...)
4. On se croirait au printemps si le vent soufflait moins fort. (...)
5. Si notre maison avait été plus grande, nous aurions été heureux de vous accueillir. (...)
6. S'il continuait à pleuvoir, il faudrait penser à évacuer la population. (....)

Aide : *Il y a deux potentiels.*

2 **Précise si le conditionnel exprime un on-dit (A), un sentiment vif (B) ou une demande polie (C).**

1. Un chien l'aurait mordue. (...)
2. La police serait sur la bonne piste. (...)
3. Auriez-vous l'amabilité de me prêter ce livre ? (...)
4. Apprécierait-il une telle plaisanterie ? (...)
5. Un acte malveillant serait à l'origine de cet incendie. (...)
6. Je souhaiterais que vous me donniez un renseignement. (...)

3 **Mets le verbe entre parenthèses au conditionnel présent ou passé.**

1. Si je l'avais vu à l'œuvre, je lui (faire) .... passer un mauvais quart d'heure. – 2. Si tu voulais bien me raconter ton voyage, j'y (prendre) .... un vif plaisir. – 3. Si tu me mentais, je te (haïr) .... – 4. S'il avait bien préparé la bataille, il (gagner) .... – 5. Si tu avais assisté au spectacle, tu (avoir) .... peur. – 6. Si le bruit avait couru que j'y avais de l'argent caché, on (cambrioler) .... ma résidence secondaire. – 7. D'après l'enquête, le voleur (passer) .... par la porte. – 8. Si je ne te savais pas étourdi, je te (confier) .... cette lettre. – 9. Si je m'étais rendu compte du travail que cela représentait, je (refuser) .... de le faire.

Corrigé des exercices page 229

38 EXPLIQUER L'EMPLOI DU SUBJONCTIF

▮ Le subjonctif est utilisé, **dans une proposition principale ou une proposition indépendante**, pour évoquer des faits possibles, liés à l'expression d'un sentiment comme :
– l'ordre ou l'interdiction ;
Ex. : *Que personne ne vienne nous déranger !*
– le souhait ou le regret ;
Ex. : *Vienne le beau temps !*
– l'indignation ;
Ex. : *Moi, que je ne puisse pas y participer ?*
– la supposition.
Ex. : *Fût-il le plus réticent, je le persuaderais.*

▮ On emploie aussi le subjonctif **dans une proposition subordonnée**, principalement :
– après certaines conjonctions de subordination ou locutions conjonctives :
« avant que », « pour que », « afin que », « bien que », « quoique », etc. (voir fiche 28, page 99) ;
Ex. : *Je le féliciterai de nouveau avant qu'il s'en aille.*
– après une proposition principale contenant un verbe de volonté, d'ordre, de sentiment.
Ex. : *Le professeur ne veut pas que nous prenions nos affaires.*

JE VÉRIFIE

	vrai	faux
1. On n'utilise le subjonctif que dans une proposition subordonnée.	☐	☐
2. L'emploi du subjonctif dans une proposition subordonnée peut dépendre du mot subordonnant.	☐	☐

évoquer des faits possibles. – 2. vrai.
1. faux ; il est aussi utilisé dans une proposition principale ou indépendante pour

1 Précise si le subjonctif exprime un ordre ou une interdiction (A), un souhait ou un regret (B), une indignation (C) ou une supposition (D).

1. Vienne la pluie ! (...) – 2. Que tout le monde se taise ! (...) – 3. Pourvu qu'il soit à l'heure ! (...) – 4. Qu'il approche, s'il ose ! (...) – 5. Vivent les vacances ! (...) – 6. Fût-il malade, il viendrait. (...) – 7. Qu'il meure ! (...) – 8. Que le spectacle commence ! (...) – 9. Moi, que je lui demande pardon ? Jamais ! (...) – 10. Soit un triangle ABC. (...)

Aide : *Il y a deux subjonctifs exprimant la supposition.*

2 Écris le verbe à la forme qui convient.

1. J'aurai fini de manger avant qu'il (revenir) .... – 2. Afin qu'il (être) .... sélectionné, j'ai fait toiletter le chat. – 3. Il ne comprend pas que tu (être) .... mécontent. – 4. Bien qu'il (avoir) .... tout pour être heureux, il n'est jamais content. – 5. Il est impossible qu'on (pouvoir) .... agir de la sorte. – 6. Il faut que vous (savoir) .... à quoi vous en tenir. – 7. Je pars avant qu'il ne (faire) .... nuit. – 8. Je viendrai, quoique je n'(avoir) .... pas beaucoup de temps. – 9. Quoi que vous (faire) ...., faites-le correctement. – 10. Il est nécessaire que cette affaire (être) .... éclaircie avant ce soir.

3 Quel sentiment exprime le subjonctif dans chacune des phrases suivantes (indignation, souhait, ordre, supposition) ?

1. Qu'on ne vienne pas m'importuner ! (...................................)
2. Que vous puissicz me traiter de la sorte m'étonne beaucoup. (.......................)
3. Qu'il ose faire un pas de plus et je le gifle. (...................................)
4. Qu'aucune décision ne soit prise en mon absence ! (...................................)
5. Que votre volonté soit faite ! (...................................)
6. Qu'il se taise à la fin ! (...................................)
7. Puissiez-vous rester toujours le même. (...................................)
8. Que je sois assez idiote pour le croire ? (...................................)
9. Que le diable t'emporte ! (...................................)

Corrigé des exercices page 229

39 RECONNAÎTRE UN SUJET

JE RETIENS

▌ Sans doute sais-tu déjà que le sujet répond aux questions **« qui est-ce qui ? »**, **« qu'est-ce qui ? »** posées avant un verbe.

▌ Le sujet peut être :
– un nom (ou un groupe nominal) : *Un violent orage éclata.*
– un pronom (ou un groupe pronominal) : *Il sonna plusieurs fois avant d'entrer.*
– un infinitif (ou un groupe infinitif) : *Mentir est honteux.*
– un adverbe de quantité : *Beaucoup l'apprécieront.*
– une proposition subordonnée conjonctive : *Qu'il vienne m'étonnerait.*
– une proposition subordonnée relative sans antécédent : *Qui aime bien châtie bien.*

▌ Le sujet est placé le plus souvent avant le verbe, mais il peut être **inversé** principalement :
– dans des phrases interrogatives : *Où se rend-il ?*
– dans des propositions incises (voir fiche 81, page 205) :
   Je dois, précisa-t-il, partir demain.
– après certains adverbes ou locutions adverbiales :
   Sans doute me l'apportera-t-il.

▌ Un verbe employé dans une construction impersonnelle a un **sujet grammatical** (ou apparent) et un **sujet logique** (ou réel). Le sujet grammatical est le pronom impersonnel « il » ; il remplace le sujet logique.
Ex. : *Il se passe bien des choses étranges.*

JE VÉRIFIE

	vrai	faux
1. Le sujet est toujours placé avant le verbe.	☐	☐
2. Le pronom impersonnel « il » peut servir de sujet grammatical dans une construction impersonnelle.	☐	☐

1. faux ; il est parfois inversé. – 2. vrai ; il remplace alors le sujet logique.

1 **Souligne le sujet dans chacune des phrases suivantes.**

1. L'enfant regarde la télévision. – 2. Dans le four cuit un rôti de veau. – 3. Se présenter au téléphone est la moindre des choses. – 4. Où va-t-il ? – 5. Elle sourit à ses amis. – 6. Écrire sans fautes s'apprend. – 7. Au chant du coq s'éveillent les villageois. – 8. Le panier que je porte est rempli de cerises. – 9. Dans l'église brûlent des cierges. – 10. Il faudra réduire les frais.

2 **Inscris la nature du sujet en italique.**

1. *Réussir* n'est pas aisé. (....................................)
2. *Il* court à perdre haleine. (....................................)
3. Dans cette bouteille baigne *un liquide noirâtre*. (....................................)
4. *Beaucoup* sont venus, peu sont restés. (....................................)
5. *Que le temps s'améliore* m'étonnerait. (....................................)
6. *Nous* trinquerons à sa santé. (....................................)
7. *Les uns et les autres* se saluent. (....................................)
8. Dans le ciel tournoie *un aigle noir*. (....................................)
9. *Voler* est interdit. (....................................)
10. Que *le coupable* lève le doigt. (....................................)

3 **Si « il » est sujet grammatical, écris O (oui), sinon écris N (non).**

1. Il tombe à la renverse. (...)
2. Il se laisse aller. (...)
3. Il règne une ambiance étrange. (...)
4. Il se peut que nous venions. (...)
5. Il vit sur une île. (...)
6. Il manque de l'argent. (...)
7. Il pleut des cordes. (...)
8. Il se construit de beaux édifices. (...)
9. Il se fait tirer l'oreille. (...)
10. Il ne pouvait mieux tomber. (...)

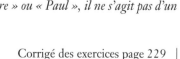

Aide : *Si tu peux remplacer « il » par « Pierre » ou « Paul », il ne s'agit pas d'un sujet grammatical.*

Corrigé des exercices page 229

40 RECONNAÎTRE UN COMPLÉMENT D'OBJET

JE RETIENS

▌ Le **complément d'objet direct** (COD) répond aux questions « qui ? », « quoi ? » posées après le verbe : *Le facteur distribue le courrier.*
Le **complément d'objet indirect** (COI) est introduit par une préposition (« à » ou « de » le plus souvent) ; il répond aux questions « à quoi ? », « de quoi ? », « à qui ? », « de qui ? » posées avant le verbe : *Elle pense aux prochaines vacances.*

▌ Un complément d'objet direct complète un verbe **transitif direct**. Un complément d'objet indirect complète un verbe **transitif indirect**.

▌ Les compléments d'objet direct et indirect peuvent être :
– un nom (ou un groupe nominal) ;
Ex. : *Chacun reprenait le refrain avec ferveur.* (COD)
     L'avenir souriait au monde entier. (COI)
– un pronom (ou un groupe pronominal) ;
Ex. : *Il choisit celle qu'il aimait depuis toujours.* (COD)
     Le temps nous manquait. (COI) Ici, « nous » équivaut à « à nous ».
– un infinitif (ou un groupe infinitif) ;
Ex. : *Il veut réussir.* (COD)
     Mon voisin consentit à me répondre. (COI)
– une proposition subordonnée.
Ex. : *Je sais ce que je veux.* (COD)
     Je pense à ce que tu m'as dit. (COI)

JE VÉRIFIE

	vrai	faux
1. Le complément d'objet direct dépend d'un verbe intransitif.	☐	☐
2. Une phrase utilisant un complément d'objet indirect peut subir la transformation passive.	☐	☐

1. faux ; il dépend d'un verbe transitif. – 2. faux ; seule une phrase contenant un COD peut la subir.

1 Souligne le complément d'objet direct des verbes en italique.

1. Elle *a réussi* ses examens.
2. Je l'*ai reconnu*.
3. Il *écoute* son disque préféré.
4. Quelle belle maison ils *ont achetée* !
5. Il doit *fournir* des efforts.
6. Je *voudrais* gagner au loto.
7. Tu peux *choisir* la destination que tu préfères.
8. Quelles questions désires-tu lui *poser* ?

2 Souligne le complément d'objet indirect des verbes en italique.

1. Il faudra *penser* à rentrer.
2. J'ai dû en *parler*.
3. Je *pense* toujours à elle.
4. Cet homme *souffre* d'une maladie incurable.
5. Pourquoi *consentir* à ce projet ?
6. Il *servira* au moins à quelque chose.
7. La décision *dépend* de mes parents.
8. Elle devrait y *réfléchir*.
9. Vous devez *prévenir* de votre absence.

3 Inscris la fonction grammaticale du pronom en italique (COD ou COI).

1. Nous *y* avons renoncé. (........)
2. Je ne m'*en* souviens plus. (........)
3. Les élèves *l'*écoutent. (........)
4. J'ai rêvé *de lui*. (........)
5. Elle *les* avait complètement oubliés. (........)
6. On *l'*entendit de loin. (........)
7. Il faut *y* veiller jour et nuit. (........)
8. Il *l'*a réparée en un clin d'œil. (........)
9. Son absence *nous* fait souffrir. (........)

Aide : *Remplace le pronom par un GN et vois si ce GN est précédé d'une préposition : dans ce cas, c'est un COI.*

Corrigé des exercices page 229

41 RECONNAÎTRE UN ATTRIBUT DU SUJET

JE RETIENS

■ L'attribut du sujet indique un trait caractéristique du sujet. Il est introduit par le verbe **« être »** ou un verbe qui peut être remplacé par « être », c'est-à-dire :
– un verbe d'état (*paraître, sembler, demeurer, devenir, rester, avoir l'air*, etc.) ;
Ex. : *Il paraît bien jaloux*.
– certains verbes transitifs au passif ;
Ex. : *Mon père fut élu conseiller général cette année-là*.
– certains verbes intransitifs ;
Ex. : *Tous les invités sont repartis satisfaits*.
– certains verbes pronominaux à sens passif.
Ex. : *Il s'appelle Victor*.

■ L'attribut du sujet est le plus souvent un **adjectif** (qualificatif, interrogatif, indéfini). Ce peut être aussi :
– un nom ou un pronom ;
Ex. : *C'est un plaisir pour moi*.
     Lequel est-ce ?
– un infinitif ou un groupe infinitif introduit par « de » ;
Ex. : *Son souhait est de réussir*.
– une proposition subordonnée (relative ou conjonctive).
Ex. : *Il est devenu qui vous savez*.
     Sa crainte est que personne ne le croie.

JE VÉRIFIE

	vrai	faux
1. L'attribut du sujet est introduit par le verbe « être » ou un verbe équivalent.	☐	☐
2. On peut utiliser un attribut du sujet dans une phrase passive.	☐	☐

1. vrai – 2. vrai ; ex. : *Il a été nommé président de cette société*.

125

1 Souligne les attributs du sujet.

1. Si tu veux, nous serons amis. – 2. Il avait l'air d'un solide gaillard. – 3. Nous ne devînmes pas camarades, mais rivaux. – 4. Le ciel était couvert, il devint radieux. – 5. Cet élève a été élu délégué de classe. – 6. Il semblait attentif, mais il n'écoutait rien. – 7. C'était un homme parfait. – 8. L'accusé fut reconnu coupable par le tribunal. – 9. Ce chemin est considéré comme le plus sûr. – 10. Il est mort trop jeune.

2 Le texte suivant contient trois attributs du sujet : souligne-les.

Le plus pressé était de traire les chèvres. Elles avaient des mamelles lourdes. Isaïe approcha la seille, tira le lait, qui giclait, blanc et mousseux, entre ses gros doigts. Puis, il poussa le portillon de planches disjointes qui séparait l'écurie de la cuisine et posa le récipient plein sur la table. La grande pièce prenait jour sur le monde par une petite fenêtre carrée à croisillons de bois et par la cheminée, qui était un trou profond, ouvert à même le toit et à demi masqué par un auvent mobile. Tout l'intérieur de cet orifice, évasé vers le bas, était noir de suie.

Henri Troyat, *La Neige en deuil.*

3 Inscris la nature grammaticale des attributs du sujet en italique.

1. Il a l'air *surpris de sa visite.* (...)
2. Il reste *immobile*, près de la porte. (....................................)
3. L'accident semblait *d'une extrême gravité.* (...........................)
4. *Quel* est le choix le meilleur ? (...)
5. L'essentiel est *que vous soyez quand même venu.* (.......................)
6. Cet examen avait l'air *facile.* (..)
7. Mon plaisir est *d'aller assister à un concert.* (.............................)
8. Êtes-vous *content ?* (...)

Corrigé des exercices page 229

42 RECONNAÎTRE UN COMPLÉMENT D'OBJET SECOND

▌ Le complément d'objet second (COS) complète un verbe qui a déjà un complément d'objet (un COD le plus souvent), d'où son nom.
Ex. : *La marchande donna des bonbons aux enfants.*

▌ Le COS est **introduit par une préposition** (« à » le plus souvent) : celle-ci est sous-entendue quand le COS est un pronom placé avant le verbe.
Ex. : *La marchande leur donna des bonbons.*

▌ Le COS complète **un verbe transitif double**. Lors de la transformation passive, le COS demeure COS (voir fiche 31, page 105).
Ex. : *Des bonbons furent donnés par la marchande aux enfants.*

▌ Le COS a les mêmes natures grammaticales que le COD et le COI :
– un nom (ou un groupe nominal) : *J'ai hérité de ma grand-mère ce magnifique phonographe.*
– un pronom (ou un groupe pronominal) : *Élise lui confia son chagrin.*
– un infinitif (ou un groupe infinitif) : *Le président invita l'assemblée à se lever.*
– une proposition subordonnée : *Il ajouta quelques corrections à ce que tu avais écrit.*

▌ On appelle également **complément d'attribution** un COS désignant un être animé et complétant un verbe synonyme de « donner » ou de « prendre ».

JE VÉRIFIE

	vrai	faux
1. Le COS dépend d'un verbe qui a déjà un complément d'objet.	☐	☐
2. Aucune préposition n'introduit le COS.	☐	☐
3. Lorsque le COS est pronominalisé, il est placé avant le verbe.	☐	☐

---

1. vrai – 2. faux ; le COS est généralement introduit par « à », parfois par « de ». – 3. vrai.

127

1 **Souligne le COS dans chaque phrase.**

1. La mésange apporte la becquée à ses oisillons. – 2. Il lui a offert du parfum.
– 3. Il a donné son corps à la médecine. – 4. Je ne sais pas comment lui dire
la vérité. – 5. Le président remit la coupe aux vainqueurs. – 6. Je l'informerai
des pièges tendus. – 7. Le public l'a forcée à quitter la salle. – 8. Il faut ajouter quelques précisions à votre exposé. – 9. Elle propose du café à ses invités.
– 10. Il a envoyé ses vœux à ses amis.

2 **Écris O (oui) si le groupe en italique est COS, N (non) dans le cas
contraire.**

1. Il boit du vin *à tous les repas*. (.....)
2. Elle *leur* indiqua le chemin. (.....)
3. Il présente sa fiancée *à ses parents*. (.....)
4. J'ai acheté du nougat *à la foire*. (.....)
5. Le magasin propose plusieurs possibilités *à ses clients*. (.....)
6. Elle *lui* fait des compliments sur sa tenue. (.....)
7. Le singe fait des grimaces *aux visiteurs*. (.....)
8. Il a effectué ce travail *à toute vitesse*. (.....)
9. La presse a accordé trop d'importance *à cette affaire*. (.....)
10. Elle quitte la maison *à huit heures*. (.....)

3 **Souligne le COS et donne sa nature grammaticale.**

1. Durant toute la journée, il lui a raconté des histoires drôles. (..............
......................)
2. La petite fille offrit son sourire à ceux qui l'entouraient. (...........................
......................)
3. La vie réserve bien des surprises à chacun d'entre nous. (.........................
......................)
4. Le général nous avait ordonné de ne pas battre en retraite.
(......................................)
5. Elle pria tout le monde de la laisser seule. (...)

Corrigé des exercices page 230

43 RECONNAÎTRE UN COMPLÉMENT D'AGENT

JE RETIENS

▌ Le complément d'agent désigne l'être animé ou inanimé qui subit l'action indiquée par un verbe utilisé à **la voix passive**. La préposition « **par** » (parfois « **de** ») l'introduit.
Ex. : *Chaque jour, le trottoir était occupé par de nombreux bonimenteurs.*

▌ Le complément d'agent devient sujet quand on procède à la transformation active.
Ex. : *Chaque jour, de nombreux bonimenteurs occupaient le trottoir.*

▌ Parfois, le complément d'agent n'est pas exprimé dans la phrase passive : la transformation active utilise alors le pronom indéfini « **on** » comme sujet (voir fiche 31, page 105).
Ex. : *Nous fûmes avertis du danger.* → *On nous avertit du danger.*

▌ Le complément d'agent peut être :
– un nom (ou un groupe nominal) ;
Ex. : *La lumière du jour était atténuée par de longues tentures.*
– un pronom (ou un groupe pronominal).
Ex. : *Il n'était apprécié que par les siens.*

JE VÉRIFIE

	vrai	faux
1. Le pronom indéfini « on » peut être complément d'agent.	☐	☐
2. Un groupe de mots introduit par la préposition « de » est toujours complément d'agent.	☐	☐

1. faux – 2. faux ; il peut aussi être COI, par exemple.

1 Écris O (oui) si le groupe de mots en italique est complément d'agent, N (non) dans le cas contraire.

1. Elle est entrée dans la pièce *par inadvertance*. (.....)
2. La banque a été dévalisée *par des voyous*. (.....)
3. Le miel est le repas préféré *de l'ours*. (.....)
4. Le printemps est annoncé *par le retour des cigognes*. (.....)
5. La mariée était suivie *de ses demoiselles d'honneur*. (.....)
6. Les chaussures ont été réparées *par le cordonnier*. (.....)
7. Il l'a fabriqué *de ses propres mains*. (.....)
8. Cette histoire est connue *de tous*. (.....)
9. La leçon est apprise *par l'élève*. (.....)
10. L'oiseau disparut *par magie*. (.....)

Aide : *Tu dois trouver six compléments d'agent.*

2 Souligne les compléments d'agent.

1. La poule est suivie de ses poussins. – 2. Cet enfant est béni des dieux. – 3. L'arbre a été abattu par la foudre. – 4. Par miracle, il a réussi. – 5. Il a été arrêté par erreur. – 6. Le chanteur est applaudi par la foule. – 7. Le mur est couvert de vigne vierge. – 8. Je préfère vous le dire de vive voix. – 9. Le colis a été oublié par le facteur.

Aide : *Attention ! Certaines phrases n'en ont pas.*

3 Inscris la nature grammaticale des compléments d'agent en italique.

1. Ce film est apprécié *du public*. (..)
2. Cette affaire est suivie *par tout le monde*. (..)
3. Ces belles fleurs ont été cueillies *par ma grand-mère*. (..)
4. Le châtiment est redouté *par celui qui se sent coupable*. (..)
5. Ses vêtements sont tachés *de graisse*. (..)
6. Ce cadeau a été choisi *par lui*. (..)
7. Toute la région a été touchée *par l'épidémie*. (..)
8. Le roi est aimé *de tous ses sujets*. (..)
9. La pelouse est arrosée *par la pluie*. (..)

Corrigé des exercices page 230

44 RECONNAÎTRE UN COMPLÉMENT CIRCONSTANCIEL

JE RETIENS

▌ Un complément circonstanciel (CC) précise les circonstances dans lesquelles se déroule le procès du verbe dont il dépend.

▌ Il en existe principalement cinq :
– le complément circonstanciel de **lieu** (C.C.L.) qui situe dans l'espace le procès du verbe dont il dépend, en précisant la direction, l'origine, le passage ou la position ;
Ex. : *Il a pris la fuite et s'est rapidement volatilisé dans les rues étroites de la ville.*
– le complément circonstanciel de **temps** (C.C.T.) qui situe dans une chronologie le procès du verbe dont il dépend, en précisant la date, la durée, la fréquence... ;
Ex. : *Durant toute sa vie, il n'a cessé de se battre contre l'injustice.*
– le complément circonstanciel de **manière** (C.C.Man.) qui indique de quelle façon se produit le procès du verbe dont il dépend ;
Ex. : *Le vautour survolait le site avec majesté.*
– le complément circonstanciel de **moyen** (C.C.Moy.) qui indique avec quel objet se produit le procès du verbe dont il dépend ;
Ex. : *Le maçon coupa le parpaing à l'aide de sa truelle.*
– le complément circonstanciel de **but** (C.C.But) qui indique dans quelle intention se produit le procès du verbe dont il dépend.
Ex. : *Ils auraient fait n'importe quoi pour le succès de leur entreprise.*

JE VÉRIFIE

	vrai	faux
1. Un complément circonstanciel est un complément du verbe.	☐	☐
2. Les compléments circonstanciels sont toujours introduits par une préposition.	☐	☐

1. vrai – 2. faux ; ils sont parfois construits directement, sans préposition.

1 Souligne les compléments circonstanciels de lieu contenus dans les phrases suivantes.

1. Elle va chercher son lait à la ferme. – 2. Au milieu de la cour se trouve un puits. – 3. Elle retira de son cabas des sandwiches pour le pique-nique. – 4. Il pense partir de chez lui dès qu'il aura dix-huit ans. – 5. Il habite rue des Alouettes. – 6. Dans le jardin, nous avons caché çà et là des œufs de Pâques.

2 Souligne les compléments circonstanciels de temps contenus dans les phrases suivantes.

1. Les matins d'été, dès qu'il faisait jour, il partait en promenade. – 2. Elle dort fréquemment la fenêtre ouverte. – 3. Il est resté trois jours et trois nuits sans dormir. – 4. Nous n'attendions sa visite que le lendemain. – 5. On vous posera une question, alors vous répondrez.

3 Souligne les compléments circonstanciels de manière contenus dans les phrases suivantes.

1. Elle lui répondit en anglais. – 2. Les élèves écoutent attentivement le professeur. – 3. Vous pourriez écrire mieux. – 4. Il s'amuse à parler en se pinçant le nez. – 5. Elle est arrivée sans prévenir. – 6. Le vent souffle fort.

4 Souligne le complément circonstanciel de moyen parmi les deux compléments proposés.

1. Il a abattu cet arbre (avec acharnement, avec une tronçonneuse). – 2. Les ambulanciers ont transporté le blessé (avec précaution, avec un brancard). – 3. Cet enfant mange (proprement, avec les doigts). – 4. Le trapéziste fait ses acrobaties dans les airs (sans filet, sans hésitation).

5 Souligne les compléments circonstanciels de but contenus dans les phrases suivantes.

1. Le chat miaule pour avoir à manger. – 2. Je bois du sirop pour ma toux. – 3. Les footballeurs s'entraînent pour le prochain match. – 4. Il joue au loto dans l'espoir de gagner. – 5. Elle fait un régime pour ne pas grossir.

Corrigé des exercices page 230

45 RECONNAÎTRE UN COMPLÉMENT CIRCONSTANCIEL DE CAUSE

JE RETIENS

▌ Le complément circonstanciel de cause indique **la raison** pour laquelle se produit le procès du verbe dont il dépend. Il répond à la question « pourquoi ? » posée avant le verbe.

▌ **Dans une phrase simple**, le complément circonstanciel de cause peut être :
– un nom (ou un groupe nominal) introduit par « de », « par », « pour », « à cause de », « grâce à », etc. ;
Ex. : *Le succès fut obtenu grâce à la bonne volonté de chacun.*
– un pronom (ou un groupe pronominal) ;
Ex. : *C'est à cause de lui que nous sommes en retard.*
– un infinitif (ou un groupe infinitif) ;
Ex. : *Il ne fait plus partie de notre société pour avoir détourné des sommes importantes.*
– un participe (ou un groupe participial) ;
Ex. : *N'ayant reçu aucun courrier de votre part, nous avons renouvelé votre adhésion.*
– un gérondif (ou un groupe gérondif).
Ex. : *En voulant trop bien faire, elle a perdu toutes ses chances de finir à temps son travail.*

▌ **Dans une phrase complexe**, le complément circonstanciel de cause peut être :
– une proposition subordonnée conjonctive introduite par « parce que », « puisque », « étant donné que », « vu que », « comme » (utilisé avant la principale), etc. ;
– une proposition subordonnée participiale.
Ex. : *La SNCF étant en grève, nous n'avons pu prendre des vacances pourtant bien méritées.*

1 Souligne les compléments circonstanciels de cause.

1. Nous avons dû nous mettre à l'abri à cause d'un violent orage. – 2. Nous étions fatigués de l'avoir attendu si longtemps. – 3. J'avais été mis en retenue pour mauvaise conduite. – 4. Grâce aux bons réflexes du chauffeur, l'accident a pu être évité. – 5. Faute d'avoir préparé le repas, nous avons mangé des restes. – 6. Ayant passé une nuit blanche, l'étudiant avait du mal à suivre le cours.

2 Complète les phrases en utilisant les conjonctions de subordination et les locutions conjonctives suivantes : *parce que, étant donné que, comme, non que, puisque, sous prétexte que.*

1. .... elle n'avait rien à se mettre, elle n'est pas sortie. – 2. Racontez-nous la suite .... vous la connaissez. – 3. .... elle avait faim, elle a mangé tout le gâteau. – 4. Ce vase est tombé .... il était mal posé. – 5. .... il y a un brouillard épais, nous ne pouvons pas voir au loin. – 6. Il ne réussit pas, ... il soit paresseux, mais parce qu'il travaille lentement.

3 Complète les phrases par l'un des compléments circonstanciels suivants dont la nature est indiquée entre parenthèses.

1. Au retour de son maître, le chien bondit (groupe nominal) ....
2. Il prit son arc et (subordonnée conjonctive) ...., il visa juste dans le mille.
3. .... (groupe pronominal), j'ai manqué mon bus.
4. Il a su la bonne réponse (gérondif) ....
5. .... (subordonnée participiale), on entreprit des recherches.
6. .... (groupe infinitif), elle demanda qu'on éteigne la lumière.

a. Le suspect ayant disparu...   d. Sous prétexte de dormir...
b. ... en regardant la copie de son voisin.   e. A cause de toi...
c. ... de joie.   f. ... comme il était adroit

Corrigé des exercices page 230

46 RECONNAÎTRE UN COMPLÉMENT CIRCONSTANCIEL DE CONSÉQUENCE

JE RETIENS

■ Le complément circonstanciel de conséquence indique **le résultat** du procès du verbe dont il dépend.

■ **Dans une phrase simple** le complément circonstanciel de conséquence peut être :
– un nom (ou un groupe nominal) introduit par « à » ou « pour » ;
Ex. : *Il rit aux larmes.*
– un infinitif (ou un groupe infinitif) introduit par « à », « au point de », « jusqu'à », « pour » et annoncé par « assez », « trop », « suffisamment », « de manière à », etc.
Ex. : *Il cria suffisamment fort pour réveiller toute la chambrée.*

■ **Dans une phrase complexe**, le complément circonstanciel de conséquence est une proposition subordonnée conjonctive introduite par :
– une locution conjonctive : « si bien que, de sorte que, au point que », etc. + indicatif ;
Ex. : *Il plut toute la journée si bien que nous restâmes à la maison.*
– la conjonction de subordination « que » annoncée dans la principale par « tellement », « tant », « si », etc. + indicatif ;
Ex. : *La route était si dangereuse que nous fîmes demi-tour.*
– la locution conjonctive « pour que » annoncée dans la principale par « assez », « trop », « suffisamment », etc. + subjonctif.
Ex. : *Le travail est trop rare pour que nous le refusions.*

JE VÉRIFIE

	vrai	faux
1. Dans une phrase simple, la conséquence est exprimée par un nom ou un infinitif.	☐	☐
2. Le verbe d'une proposition subordonnée de conséquence est généralement au subjonctif.	☐	☐

1. vrai – 2. faux ; il est généralement à l'indicatif.

1 Souligne les propositions indépendantes qui expriment la conséquence.

1. Il est malade, il restera alité. – 2. Il est reçu à l'examen, il s'inscrira à l'université. – 3. Il a perdu ses clefs, il ne peut pas rentrer chez lui. – 4. Il ne va pas en promenade, il a trop de travail. – 5. On entend toujours cette chanson à la radio, on commence à s'en lasser. – 6. Il a dû prendre le train, sa voiture est en panne. – 7. Les fruits sont trop mûrs, nous ne pourrons pas les manger.

2 Souligne la subordonnée de conséquence contenue dans chacune des phrases suivantes.

1. Le bruit de la rue était si intense que l'on dut fermer la fenêtre. – 2. Elle est restée si longtemps au soleil qu'elle en a attrapé une insolation. – 3. Il a tellement insisté que j'ai fini par céder. – 4. L'enfant était si intimidé qu'il n'osait pas parler. – 5. Il est entré en vitesse, de telle façon que personne ne l'a vu. – 6. À sa naissance, le bébé était si petit qu'on dut le mettre en couveuse. – 7. La récolte fut tellement médiocre que la famine s'installa. – 8. La grotte s'est effondrée, de sorte que nous ne pourrons pas la visiter. – 9. Ton histoire était tellement drôle que nous avons tous beaucoup ri. – 10. Il lui serra si fort la main que ses articulations blanchirent.

3 Encadre les termes qui introduisent la subordonnée de conséquence. Souligne si nécessaire ceux qui annoncent la subordonnée dans la principale.

Ex. : *Il insista* _tellement_ $\boxed{qu'}$*elle finit par accepter son projet.*

1. Elle était si étrangement vêtue que les passants se retournaient sur son passage. – 2. J'étais si impressionné que je n'osais sonner à la porte. – 3. Mes parents aiment tant cet endroit qu'ils ont décidé de s'y installer. – 4. Ils se ressemblent au point qu'on a du mal à les différencier. – 5. Elle se sentait tellement seule qu'elle finit par appeler ses amis. – 6. Dans cette pâtisserie, il y a beaucoup de gâteaux si bien qu'on ne sait lequel choisir. – 7. Ils sont si bien ensemble qu'ils ont du mal à se quitter. – 8. Elle est suffisamment intelligente pour que nous lui fassions confiance.

Corrigé des exercices pages 230-231

47 RECONNAÎTRE UN COMPLÉMENT CIRCONSTANCIEL D'OPPOSITION

JE RETIENS

■ Le complément circonstanciel d'opposition (ou de concession) traduit **un fait qui s'oppose** à un autre évoqué par le verbe dont il dépend.

■ **Dans une phrase simple**, le complément circonstanciel d'opposition peut être :
– un nom (ou un groupe nominal) introduit par les prépositions ou locutions prépositives « malgré », « en dépit de », « au lieu de », etc. ;
Ex. : *En dépit de son hostilité, la solution proposée fut retenue.*
– un infinitif (ou un groupe infinitif) introduit par les prépositions ou locutions prépositives « sans », « au lieu de », « loin de », etc. ;
Ex. : *Au lieu de dépenser tout mon argent, j'en mets de côté une bonne partie.*
– un gérondif (ou un groupe gérondif) précédé des adverbes « tout » ou « même ».
Ex. : *Tu n'es pas venu tout en sachant que je t'attendais.*

■ **Dans une phrase complexe**, le complément circonstanciel d'opposition est une proposition subordonnée conjonctive :
– dont le verbe est à l'indicatif, introduite par « quand », « alors que », « si », « tout... que », etc. ;
Ex. : *Tout généreux qu'il était, il avait de nombreux défauts.*
– dont le verbe est au subjonctif, introduite par « bien que », « quoique », « si... que », « quelque... que », « quoi que », « quel que », etc.
Ex. : *Je ne l'ai toujours pas rencontré bien qu'il soit revenu depuis une semaine.*

JE VÉRIFIE

	vrai	faux
1. Le verbe de la proposition subordonnée d'opposition est toujours au subjonctif.	☐	☐
2. « Malgré que » peut introduire une proposition subordonnée d'opposition.	☐	☐

1. faux ; il peut être utilisé également à l'indicatif. – 2. faux ; cette expression est incorrecte.

1 **Complète les phrases par les prépositions et les locutions prépositives suivantes :** *même sans, malgré, sans, loin de.*

1. .... son jeune âge, il raisonne déjà très bien. – 2. .... se faire remarquer, il quitta la salle de conférence. – 3. .... argent, elle arrive toujours à s'en sortir. – 4. Il était difficile de passer .... la voir. – 5. .... être découragé par son échec, il se remit au travail. – 6. Elle restait optimiste .... la gravité de son état.

2 **Souligne les propositions subordonnées d'opposition.**

1. Bien que son verre soit propre, elle l'essuie encore. – 2. Quoiqu'il soit encore un peu tôt, nous rentrons. – 3. Tu ne m'as pas écouté, bien que je t'aie donné d'excellents conseils. – 4. Les pièces à l'étage sont ensoleillées, tandis que celles du rez-de-chaussée sont ombragées. – 5. Tout agrégé qu'il est, il lui arrive de ne pas savoir répondre aux questions de ses élèves. – 6. Je te donne une deuxième chance, encore que je doute de ton succès.

3 **Coche les phrases qui contiennent une proposition subordonnée d'opposition.**

☐ 1. Je te disais bien que tu ne devais pas faire une aussi longue route avec cette voiture.

☐ 2. Sa voiture, bien qu'elle ait parcouru beaucoup de kilomètres, roule encore très bien.

☐ 3. Tu n'as pas correctement vissé le bouchon, si bien que tout le contenu de la bouteille s'est répandu.

☐ 4. Il parle si bien qu'il saura nous convaincre.

☐ 5. Pour conséquentes que soient ses économies, elles auront du mal à couvrir la totalité des frais.

☐ 6. Pour que ses économies ne partent pas en fumée, il faudrait qu'il arrête d'acheter n'importe quoi.

☐ 7. Ses cheveux sont blonds tandis que ceux de sa sœur sont châtain clair.

☐ 8. Tandis que vous passiez votre temps à bronzer, j'ai préparé le repas.

Aide : *Il y en a trois.*

Corrigé des exercices page 231

48 RECONNAÎTRE UNE ÉPITHÈTE

JE RETIENS

▮ L'adjectif épithète **fait partie du groupe nominal** : il fait corps avec le nom qu'il qualifie et dont il constitue une expansion.
Ex. : *Deux adorables créatures m'entraînèrent dans leur ronde joyeuse.*

▮ Un même nom peut être qualifié par plusieurs adjectifs qualificatifs épithètes qui sont alors :
– soit coordonnés : *Elle m'adressa un sourire aimable et engageant.*
– soit juxtaposés : *Les pensionnaires portaient des blouses bleues seyantes.*

▮ L'adjectif épithète relationnel (qui ne peut être utilisé au comparatif ou au superlatif) est toujours placé après le nom qu'il qualifie : *un concours international.*
L'adjectif épithète descriptif (qui peut être utilisé au comparatif ou au superlatif) est placé soit avant soit après le nom qu'il qualifie. Placé avant, il a une plus grande force affective *: des sacs énormes / d'énormes sacs,* etc.

▮ **Remarques** :
– L'adjectif épithète peut être séparé du nom qu'il qualifie par un complément de détermination du nom (voir fiche 49, page 141).
Ex. : *Un rire d'enfant strident réveilla toute la maisonnée.*
– Un participe passé ou un adjectif verbal peuvent être employés comme adjectifs épithètes.
– On appelle « épithète détachée » un adjectif épithète séparé du nom qu'il complète par une virgule.
Ex. : *Trop perfectionniste, il ne parvient jamais au terme de ses projets.*

JE VÉRIFIE

	vrai	faux
1. L'adjectif épithète peut ne pas faire partie d'un groupe nominal.	☐	☐
2. Un participe passé peut être employé comme adjectif épithète.	☐	☐

1. faux : l'épithète fait corps avec le nom qu'il qualifie. – 2. vrai.

1 Souligne les adjectifs épithètes.

1. Le grand manteau noir qu'elle portait était magnifique. – 2. Voilà une bien jolie jeune fille ! – 3. Il lui offrit un bouquet de fleurs bleues et jaunes. – 4. Les chasseurs trouvèrent étrange de voir là un gibier si abondant. – 5. La rupture semblait certaine. – 6. Un long cri de douleur sortit de sa gorge. – 7. Elle avait la tête pleine de souvenirs. – 8. Des insectes multicolores voletaient dans le jardin. – 9. Une épaisse fourrure recouvrait l'animal. – 10. Son visage émacié et ses yeux tristes m'ont ému.

2 Écris R s'il s'agit d'un adjectif relationnel et D s'il s'agit d'un adjectif descriptif.

1. des routes sinueuses (...)
2. des rochers abrupts (...)
3. des doigts noueux (...)
4. une petite vallée (...)
5. une chaleur estivale (...)

6. un touriste méridional (...)
7. un temps hivernal (...)
8. un jardin public (...)
9. un oiseau nocturne (...)
10. une boisson fraîche (...)

3 Inscris la nature grammaticale de l'épithète : adjectif qualificatif (A), participe passé employé comme adjectif (B) ou adjectif verbal (C).

1. Il avait une mine réjouie. (...)
2. Nous fîmes un voyage éprouvant. (...)
3. Ce travail fatigant m'a gâché la journée. (...)
4. Ses joues colorées respiraient la santé. (...)
5. On lui annonça la triste nouvelle. (...)
6. Il racontait toujours des histoires abracadabrantes. (...)
7. Nous nous sommes promenés dans un chemin tranquille. (...)
8. Il tient des propos incohérents. (...)
9. Il avait un visage gai. (...)

Corrigé des exercices page 231

49 RECONNAÎTRE UN COMPLÉMENT DE DÉTERMINATION DU NOM

JE RETIENS

▮ Le complément de détermination du nom (CDN) **fait partie du groupe nominal** : il complète un nom dont il précise le sens et dont il constitue une expansion.

▮ Le complément de détermination du nom suit le nom qu'il complète et auquel il est généralement rattaché par une **préposition** (la préposition « de » souvent, ou bien « à », « en », « avec », « pour », etc.).

▮ Peuvent remplir la fonction de complément de détermination du nom :
– un nom (ou un groupe nominal) : *La marchande de volaille amusait les passants.*
– un pronom (ou un groupe pronominal) : *Il recherchait l'amitié de tous.*
– un adverbe (ou un groupe adverbial) : *Les festivités d'alors étaient autrement plus nombreuses.*
– un infinitif (ou un groupe infinitif) : *Il n'a pas inventé le fil à couper le beurre !*

▮ **Remarques** :
– Le complément de détermination du nom est parfois construit sans préposition.
Ex. : *une console Napoléon III, du papier journal, un café crème...*
– Il ne faut pas confondre le complément de détermination du nom avec un complément circonstanciel ; celui-ci peut être déplacé dans la phrase.
Ex. : *Il a assisté à la querelle de son fauteuil* (complément circonstanciel de lieu).

JE VÉRIFIE

	vrai	faux
1. Une préposition introduit toujours le complément de détermination du nom.	☐	☐
2. Un adjectif qualificatif peut être complément de détermination du nom.	☐	☐

1. faux ; le complément de détermination du nom est parfois construit directement. – 2. faux ; un adjectif qualificatif ne peut être qu'épithète ou attribut.

1 **Complète par la préposition qui convient.**

1. un moulin ...... vent. – 2. une brosse ...... dents. – 3. un vase ...... cristal. – 4. un pot ...... confiture. – 5. un lit ...... baldaquin. – 6. une poupée ...... chiffon. – 7. une balade ...... mer. – 8. une armoire ...... pharmacie. – 9. une armoire ...... toilette. – 10. un passage ...... piétons.

2 **Souligne les compléments de détermination du nom contenus dans le texte suivant.**

Un jour, au lever du soleil, ils arrivèrent au bord d'un fleuve aux eaux tranquilles, verdâtres, qui serpentait dans un lit embarrassé d'herbes et de joncs, à travers une forêt de chênes, de bouleaux et de hêtres. Les deux rives étaient couvertes d'ombre ; le lieu paraissait inhabité hormis par des hérons immobiles sur la lisière des marécages.

Edgar QUINET, *Merlin l'enchanteur.*

Aide : *Il y en a huit.*

3 **Souligne le complément de détermination du nom et précise sa nature grammaticale : nom ou groupe nominal (A), pronom ou groupe pronominal (B), adverbe ou groupe adverbial (C), infinitif ou groupe infinitif (D).**

1. Elle portait une robe en coton, des chaussures en cuir et des bas de soie. (...) – 2. Malgré sa maladie, il a fait l'effort de venir. (...) – 3. Nous regrettons amèrement les soirées d'autrefois. (...) – 4. Les gendarmes veillent à la sécurité de tous. (...) – 5. Les danses de l'Ancien Régime nous sont inconnues. (...) – 6. Il mettait ses économies dans une boîte en fer. (...) – 7. Je n'aime pas manger les restes de la veille. (...)

4 **Le groupe de mots en italique est-il complément de détermination du nom (CDN) ou complément circonstanciel (CC) ?**

1. Ils ont organisé un repas de famille *à Pâques.* (...............) – 2. Lui revient souvent à la mémoire le souvenir *de ses jeux d'enfant.* (.............) – 3. Il assiste au défilé *du haut d'un arbre.* (...............) – 4. J'ai cueilli les premières fleurs *du printemps.* (...............) – 5. Les enfants ont dû prendre le train *de bonne heure.* (...............) – 6. Il respirait à pleins poumons l'air frais *du matin.* (...............)

Corrigé des exercices page 231

50 RECONNAÎTRE UNE APPOSITION

JE RETIENS

■ L'apposition **fait partie du groupe nominal** : elle apporte des précisions sur le nom qu'elle complète et dont elle constitue une expansion.

Ex. : *Ma voisine, une mégère mal apprivoisée, ne cesse de m'importuner par ses jérémiades.*

■ L'apposition est généralement séparée du nom qu'elle complète :
– soit par une virgule : *Voici notre nouvelle résidence, un chalet magnifique.*
– soit par un deux-points : *Il eut un cadeau : un bracelet en or.*

■ Peuvent remplir la fonction d'apposition (en dehors d'un nom ou d'un groupe nominal) :
– un pronom personnel : *Toi, tu peux bien nous aider.*
– un infinitif (ou un groupe infinitif) : *Je n'ai qu'une pensée : réussir le Brevet des Collèges.*
– une proposition subordonnée conjonctive : *L'idée que je puisse la quitter l'effrayait.*

■ **Remarques** :
– L'apposition désigne le même être ou la même chose que le nom qu'elle complète.
– L'apposition n'est pas toujours séparée du nom qu'elle complète par un signe de ponctuation (*le mont Ventoux*) ; elle est même parfois introduite par la préposition « de » et risque d'être confondue alors avec un complément du nom (*la ville de Paris*).

JE VÉRIFIE

	vrai	faux
1. L'apposition complète un nom.	☐	☐
2. Une proposition subordonnée peut être apposée.	☐	☐

1. vrai – 2. vrai.

1 **Souligne, dans les phrases suivantes, les groupes nominaux apposés.**

1. Pierre, le fils aîné, marchait derrière le cercueil. – 2. Terreur de son quartier, ce garçon menait la vie dure à ses camarades. – 3. Le riz, aliment plein de vitamines, est nécessaire à une alimentation équilibrée. – 4. Le chien, le meilleur ami de l'homme, avait pourtant mordu le facteur. – 5. Le curé du village, un ami de la famille, venait manger chez nous tous les dimanches. – 6. La chenille, insecte sans charme, s'était métamorphosée en un magnifique papillon. – 7. Le jeune homme, patineur remarquable, est tombé en faisant une figure inhabituelle. – 8. L'éléphant, un mammifère de taille, a peur des souris.

2 **Souligne l'apposition et précise sa nature grammaticale : nom commun ou groupe nominal (A), pronom personnel (B), infinitif ou groupe infinitif (C), subordonnée conjonctive (D).**

1. La souris, résidente permanente du grenier, nous réveillait toutes les nuits. (...)
2. Il trembla de tous ses membres à la pensée qu'il avait rencontré le diable. (...)
3. Vous, vous n'avez plus qu'à vous taire. (...)
4. Sa mère, une femme du monde, en imposait par son élégance. (...)
5. Le conducteur n'avait qu'un souci : ne pas verser dans le fossé. (...)
6. Dans la vie, il n'avait qu'un seul plaisir : manger. (...)

3 **Le groupe de mots en italique est-il apposé ou complément du nom (Ct du nom) ?**

1. Le roi *Louis XVI* (.................)
2. La région *Nord-Pas-de-Calais* (.................)
3. La ville *de Bordeaux* (.................)
4. La cathédrale *de Beauvais* (.................)
5. Les fêtes *de Pâques* (.................)
6. Le mois *de juin* (.................)

Aide : *N'oublie pas que l'apposition désigne la même réalité que le nom qu'elle complète.*

Corrigé des exercices page 231

51 ANALYSER UN COMPLÉMENT INTRODUIT PAR « À »

JE RETIENS

▮ « à » est une **préposition** qui sert à introduire :
– un nom (ou un groupe nominal) : *Tout réussit à Paul.*
– un pronom (ou un groupe pronominal) : *Il donna à chacun d'eux ce qu'ils demandaient.*
– un adverbe (ou un groupe adverbial) : *A demain !*
– un infinitif (ou un groupe infinitif) : *Il courut à perdre haleine.*

▮ Le mot ou groupe de mots introduit par « à » peut être complément :
– d'objet indirect : *Il a parlé à mon père.*
– d'objet second : *Le prêtre donna sa bénédiction à toute l'assemblée.*
– circonstanciel : *Elle marcha à reculons.*
– de détermination du nom : *Elle portait un chemisier à fleurs.*
– de détermination de l'adjectif : *Ce problème était difficile à résoudre.*
– de détermination de l'adverbe : *Il a agi contrairement aux lois.*

▮ **Remarque** : La préposition « à » est contenue dans les formes contractées « au » (à + le) et « aux » (à + les).

JE VÉRIFIE

	vrai	faux
1. La préposition « à » peut introduire un verbe à l'infinitif.	☐	☐
2. Le mot ou le groupe de mots introduit par la préposition « à » est toujours complément.	☐	☐
3. Dans « la maison à Jacques », la préposition « à » est correctement utilisée.	☐	☐

1. vrai – 2. vrai – 3. faux ; en français correct, on dit « la maison de Jacques ».

1 Inscris la nature grammaticale des mots ou groupes de mots introduits par « à » : nom ou groupe nominal (A), pronom ou groupe pronominal (B), adverbe ou groupe adverbial (C), infinitif ou groupe infinitif (D).

1. Il est venu à bicyclette. (...) – 2. Nous nous en sommes sortis à bon compte. (...) – 3. Je pensais que tu resterais jusqu'à demain. (...) – 4. Il doit construire à nouveau le mur de la terrasse. (...) – 5. Quant à moi, vous pouvez être sûr que je ne m'y rendrai pas. (...) – 6. Elle a été blessée à la tête. (...) – 7. Nous étions prêts à partir quand le téléphone a sonné. (...) – 8. Je ne peux venir à bout de ce travail sans ton aide. (...) – 9. A votre âge, il n'est pas très prudent de faire du saut à l'élastique. (...)

2 Inscris la fonction grammaticale des mots ou groupes de mots introduits par « à ».

1. Un petit homme à gros ventre m'a pris mon tour. (.....................)
2. Cette longue allée mène à une chapelle. (.....................)
3. Nous mangerons à midi pile. (.....................)
4. Son passe-temps favori était la pêche à la ligne. (.....................)
5. A chaque fois, il me parle de ses vacances. (.....................)
6. Avant de pouvoir nous marier, nous aurons de nombreuses formalités à remplir. (.....................)
7. Ces enfants se portent à merveille. (.....................)

3 Analyse les mots ou groupes de mots en italique en précisant leur nature (N) et leur fonction (F) grammaticales.

1. En période de soldes, on peut acheter des vêtements *à moitié prix*.
N : ....   F : ....
2. Si nous nous dépêchons, nous arriverons *à temps*.
N : ....   F : ....
3. Ils n'ont pas hésité *à partir sans laisser d'adresse*.
N : ....   F : ....
4. Rares sont les bûcherons qui abattent encore les arbres *à la hache*.
N : ....   F : ....

Corrigé des exercices pages 231-232

52 ANALYSER UN COMPLÉMENT INTRODUIT PAR « DE »

JE RETIENS

▌ « de » est une **préposition** qui sert à introduire :
– un nom (ou un groupe nominal) : *Je reviens de mon pays natal.*
– un pronom (ou un groupe pronominal) : *J'attends beaucoup de vous tous.*
– un adverbe (ou un groupe adverbial) : *L'athlète fit un effort de trop.*
– un infinitif (ou un groupe infinitif) : *L'envie de rire le gagna aussitôt.*

▌ Le mot ou groupe de mots introduit par « de » peut être complément :
– d'objet indirect : *Il a parlé de ses difficultés.*
– d'objet second : *Ils nous empêchent de dormir.*
– circonstanciel : *Cette proposition fut acceptée de bon cœur.*
– d'agent : *Il fut pris d'une grande terreur.*
– de détermination du nom : *Le village de ma tante ne comptait pas beaucoup de foyers.*
– de détermination du pronom : *Ceux de l'école voisine étaient bien plus libres que nous.*
– de détermination de l'adjectif : *Fier de son succès, il paradait à toute heure de la journée.*
– de détermination de l'adverbe : *Trop de bonheur engendre la jalousie.*

▌ **Remarque** : La préposition « de » est contenue dans les formes contractées « du » (de + le) et « des » (de + les).

JE VÉRIFIE

	vrai	faux
1. La préposition « de » peut introduire un adverbe.	☐	☐
2. La préposition « de » peut servir à construire un complément d'objet indirect.	☐	☐

1. vrai – 2. vrai.

1 Inscris la nature grammaticale des mots ou groupes de mots introduits par « de » : nom ou groupe nominal (A), pronom ou groupe pronominal (B), adverbe ou groupe adverbial (C), infinitif ou groupe infinitif (D).

1. J'ai appris par hasard la nouvelle de sa mort. (...) – 2. La suite des événements dépend de toi. (...) – 3. Il s'agit maintenant de mener à bien ce projet. (...) – 4. En dehors de lui, je ne voyais personne à qui demander ce service. (...) – 5. Nous l'avons aperçu de loin. (...) – 6. De plus en plus de jeunes se mettent à fumer. (...) – 7. Il n'est pas interdit de dire ce que l'on pense. (...) – 8. J'ai encore rêvé de toi. (...) – 9. Pouvons-nous espérer que vous vous souviendrez de votre promesse ? (...) – 10. Le réfrigérateur regorge de nourriture. (...)

2 Inscris la fonction grammaticale des mots ou groupes de mots introduits par « de ».

1. Nous arrivons à l'instant de la gare. (....................)

2. Je préfère te raconter tout cela de vive voix. (....................)

3. Personne ne peut douter de sa bonne foi. (....................)

4. Il nous a promis de revenir bientôt. (....................)

5. Je suis surpris de l'état délabré de cette maison. (....................)

6. Elle aime se promener au bord de la mer. (....................)

7. Les jeunes parents s'empressèrent de se marier. (....................)

3 Analyse les mots ou groupes de mots en italique en précisant leur nature (N) et leur fonction (F) grammaticales.

1. J'ai pris rendez-vous avec le directeur *de la banque*.
N : ....   F : ....

2. À la dernière minute, TF1 a décidé *de changer ses programmes*.
N : ....   F : ....

3. Un décès, celui *de sa femme*, l'a marqué à tout jamais.
N : ....   F : ....

4. Il a été décoré *de la Légion d'honneur*.
N : ....   F : ....

Corrigé des exercices page 232

53 INDIQUER LA FONCTION D'UN MOT OU D'UN GROUPE DE MOTS

JE RETIENS

▮ Si tu dois indiquer la fonction grammaticale d'un mot ou d'un groupe de mots, identifie le **rapport de sens** qu'il établit avec les autres mots. Un même mot ou groupe de mots peut avoir différentes fonctions grammaticales selon l'emploi qui en est fait.
Ex. : *Les difficultés ne l'effraient pas.* (sujet du verbe *effraient*)
Il aime les difficultés. (complément d'objet du verbe *aime*)

▮ Les principales fonctions dépendant d'un verbe sont :
– sujet : *Le chat n'avait pas vu la souris.*
– complément d'objet (direct, indirect, second) : *Le vent fouette les arbres.*
– complément circonstanciel (temps, lieu, etc.) : *Il travaillait avec ardeur.*
– complément d'agent : *La vieille bâtisse n'avait pas été épargnée par le temps.*
– attribut (du sujet ou de l'objet) : *Ces sommets paraissaient infranchissables* (Att. S.).

▮ Les principales fonctions ne dépendant pas d'un verbe sont :
– épithète : *Chacun pensait aux moments agréables de son existence.*
– apposition : *Une jeune fille, une poupée pas plus haute que trois pommes, m'appela aussitôt.*
– complément de détermination (du nom, de l'adjectif, du pronom, de l'adverbe) : *Il renversa toutes les chaises de la terrasse* (C.D.N.).

JE VÉRIFIE

	vrai	faux
1. La fonction d'un mot ou d'un groupe de mots varie selon l'emploi qui en est fait.	☐	☐
2. La fonction d'un mot ou d'un groupe de mots dépend uniquement d'un verbe.	☐	☐

1. vrai – 2. faux ; elle peut aussi dépendre d'un nom, d'un pronom, d'un adjectif, d'un adverbe.

1 Inscris la fonction grammaticale du mot « spectacle » dans les phrases suivantes.

1. Le spectacle l'avait enchanté. (...........................)
2. Il était arrivé un peu avant le début du spectacle. (...........................)
3. C'était un spectacle de marionnettes. (...........................)
4. Tous les enfants étaient charmés par le spectacle. (...........................)
5. Ils avaient tous assisté au spectacle. (...........................)
6. Ils apprécient beaucoup les spectacles de ce genre. (...........................)

2 Inscris la fonction grammaticale du mot ou du groupe de mots en italique.

1. Les jeunes gens s'étaient rencontrés pour la première fois *à Londres*. (...........................)
2. Elle se destinait *au métier d'actrice*. (...........................)
3. Petit à petit, il s'habitua *à sa nouvelle existence*. (...........................)
4. *Deux ans plus tard*, il se remaria. (...........................)
5. L'enfant *lui* apporta de grandes satisfactions. (...........................)
6. Dans cette ville, je me sentais *comme un étranger*. (...........................)
7. Le montreur d'ours était entouré *d'un groupe d'enfants*. (...........................)
8. Ne manquez pas *l'événement* ! (...........................)
9. Ce jeune homme ne manque pas *de talent*. (...........................)
10. *Grâce à son physique*, il fut choisi pour le rôle. (...........................)

3 Coche la fonction grammaticale du groupe de mots en italique.

1. Petite-fille *d'aristocrates*, elle avait reçu une éducation sévère. (□ Ct de détermination du nom □ apposition □ épithète)
2. L'amour est *aveugle*. (□ COD □ attribut du sujet □ CC de manière)
3. Ce violoncelliste, *fils de musiciens*, est devenu un virtuose. (□ Ct de détermination du nom □ épithète □ apposition)
4. Il mène un *dur* combat contre la maladie. (□ apposition □ épithète □ CC de manière)

Corrigé des exercices page 232

54 ÉTUDIER UNE PHRASE

JE RETIENS

❚ A l'écrit, une phrase est un ensemble de mots contenus entre **deux signes de ponctuation forts** (point, point d'interrogation, point d'exclamation, points de suspension).

❚ On distingue deux sortes de phrases :
– les phrases **verbales**, qui ont pour noyau un verbe ;
Ex. : *La neige tombe sans arrêt depuis la nuit dernière.*
– les phrases **nominales**, qui ont pour noyau un nom ou un groupe nominal.
Ex. : *Quelle réaction ridicule !*

❚ On distingue **trois types de phrases :**
– la phrase assertive : *Chaque mardi, il rendait visite à ses parents.*
– la phrase impérative : *Rejoins-nous au plus tôt.*
– la phrase interrogative : *Viendront-ils avec leurs enfants ?*

❚ **Remarque** : Les phrases exclamative et négative, parce qu'elles peuvent se combiner avec l'un ou l'autre de ces trois types de phrases, ne sont pas considérées comme des types de phrases.

❚ On distingue aussi :
– la phrase **simple**, formée d'une seule proposition indépendante ;
Ex. : *Les randonnées pédestres entretiennent la santé.*
– la phrase **complexe**, formée de plusieurs propositions.
Ex. : *Rien ne va plus, les jeux sont faits.*

JE VÉRIFIE

	vrai	faux
1. Une phrase peut se terminer par un point-virgule.	☐	☐
2. Une phrase nominale a un nom pour noyau.	☐	☐
3. La phrase complexe contient plusieurs verbes ayant un sujet.	☐	☐

1. faux ; ce n'est pas un signe de ponctuation fort. – 2. vrai – 3. vrai.

1 **Inscris N si la phrase est nominale, V si elle est verbale.**
1. C'était le dimanche de Pâques. (...) – 2. Quelle superbe journée ! (...) –
3. De quelle région êtes-vous originaire ? (...) – 4. Quelle erreur ! (...) –
5. Ah ! le beau bouquet ! (...) – 6. L'un de ses plaisirs était la chasse. (...) –
7. Elle voudrait acheter un cocker. (...) – 8. Quel menteur ! (...) –
9. L'ouvreuse nous indiqua nos places. (...) – 10. C'est le plus grand de tous
les voleurs. (...)

2 **Précise si la phrase est assertive, impérative ou interrogative.**

1. Les enfants partent pour l'école. (.............................)
2. L'aïeule fredonne une chanson d'autrefois. (.............................)
3. La famille existe-t-elle vraiment ? (.............................)
4. Taisez-vous ! (.............................)
5. Patientez, s'il vous plaît. (.............................)
6. Comme tu as changé ! (.............................)
7. En proie à un malaise, elle s'effondre sur le trottoir. (.............................)
8. Comment a-t-elle pu inventer une pareille histoire ? (.............................)
9. Quel malheur s'est abattu sur cette famille ! (.............................)
10. De nombreuses personnalités assisteront au festival. (.............................)

3 **Inscris S s'il s'agit d'une phrase simple, C s'il s'agit d'une phrase
complexe.**

1. Il souhaiterait vivement que son fils lui succède. (...) – 2. Une vieille loco-
motive à vapeur a été remise en état. (...) – 3. Elle est partie à New York, elle
espère devenir mannequin. (...) – 4. Un incendie s'est déclaré dans les écuries.
(...) – 5. Soudain, le chien s'éveilla : il dressa l'oreille. (...) – 6. Ce livre permet
de comprendre comment fonctionne le cerveau. (...) – 7. Après l'école, les
gamins se regroupent au pied des tours. (...) – 8. Certains médicaments sont
dangereux, ils provoquent la chute des cheveux. (...) – 9. J'ai un projet mais
il est trop tôt pour en parler. (...) – 10. Une fois le vernis appliqué, il faut le
laisser sécher. (...)

Corrigé des exercices page 232

55 CONSTRUIRE UNE PHRASE INTERROGATIVE

JE RETIENS

▌ Tu le sais sans doute, une phrase interrogative sert à poser une question. Elle se termine toujours par un **point d'interrogation** et contient, le plus souvent, un pronom personnel sujet inversé.

Ex. : *Mon père remplacera-t-il un jour sa vieille voiture ?*

Remarque : Le sujet n'est pas inversé quand la locution interrogative « est-ce que ? » est utilisée.

Ex. : *Est-ce qu'il remplacera un jour sa vieille voiture ?*

▌ On distingue deux sortes d'interrogations :
– l'interrogation **totale**, qui appelle une réponse par « oui » ou par « non » ;

Ex. : *Acceptent-ils la proposition que nous leur avons faite ?*
– l'interrogation **partielle**, qui n'appelle pas une réponse par « oui » ou par « non » ; elle est introduite par un mot interrogatif.

Ex. : *Quand recevrons-nous le colis que tu as posté ?*

▌ Le mot interrogatif peut être :
– un **adverbe** : *comment ? pourquoi ? où ? quand ? combien ?*
– un **pronom** : *qui ? que ? quoi ? lequel ?* (et ses composés)
– un **adjectif** : *quel(s) ? quelle(s) ?*

▌ Lorsque la phrase interrogative est utilisée à la forme négative, on parle de phrase **interro-négative**.

Ex. : *Ne peut-il vraiment pas te reconduire chez toi ?*

JE VÉRIFIE

	vrai	faux
1. L'interrogation totale utilise un mot interrogatif.	☐	☐
2. « Quand ? » est un adverbe interrogatif.	☐	☐

1. faux ; c'est l'interrogation partielle qui l'utilise. – 2. vrai.

153

1 Inscris T s'il s'agit d'une interrogation totale, P s'il s'agit d'une interrogation partielle.

1. Osera-t-il demander un entretien ? (...) – 2. De quoi parlez-vous ? (...) – 3. A qui dois-je remettre le prix ? (...) – 4. Dois-je partir tout de suite ? (...) – 5. Comment dois-je interpréter ton comportement ? (...) – 6. Veux-tu un verre de vin ? (...) – 7. Qu'a-t-il bien pu leur arriver ? (...) – 8. Désirez-vous connaître la fin de l'histoire ? (...) – 9. Me confieras-tu tes peines ? (...) – 10. Qui pourra bien me renseigner ? (...)

2 Inscris A si le mot interrogatif est un adverbe, B si c'est un pronom, C si c'est un adjectif.

1. Quand as-tu commencé ton régime ? (...) – 2. Qui viendra à la soirée ? (...) – 3. Combien coûte ce voyage ? (...) – 4. Par quel chemin êtes-vous passés ? (...) – 5. Lequel préférez-vous ? (...) – 6. Quel âge avez-vous ? (...) – 7. Qui va creuser ce trou ? (...) – 8. Comment peut-il si mal se conduire ? (...) – 9. Où penses-tu aller ? (...) – 10. Quelles folies va-t-il encore commettre ? (...)

Aide : *Il y a quatre adverbes interrogatifs.*

3 Coche les phrases interro-négatives.

☐ 1. Depuis quand le ménage n'a-t-il pas été fait ?

☐ 2. Quand te décideras-tu à ranger ta chambre ?

☐ 3. Est-ce qu'il pense encore à sa promesse ?

☐ 4. N'aurais-je pas été trahi ?

☐ 5. N'es-tu pas satisfait ?

☐ 6. Qu'est-ce que vous complotez ?

Corrigé des exercices page 232

56 DÉCOUPER UNE PHRASE COMPLEXE EN PROPOSITIONS

JE RETIENS

■ Une phrase complexe contient, par définition, plusieurs propositions. Une proposition est un groupe de mots **ayant pour noyau un verbe** dont le sujet est exprimé ou sous-entendu : une phrase contient donc autant de propositions que de verbes dont le sujet est exprimé ou sous-entendu.

Ex. : *Le spectacle se termina tard dans la soirée ; nous en avons gardé un souvenir impérissable.*

■ Tu dois être capable de distinguer ces trois sortes de propositions :
– la proposition **indépendante**, qui se suffit à elle-même en ce sens qu'elle ne dépend d'aucune autre proposition et qu'aucune autre proposition ne dépend d'elle ;
– la proposition **principale**, qui régit une ou plusieurs propositions subordonnées ;
– la proposition **subordonnée**, qui dépend d'une proposition principale et qui est le plus souvent introduite par un mot subordonnant.

Ex. : *Plus rien ne l'effrayait : il risquait sa vie à tout moment si bien qu'un jour il la perdit.* Cette phrase complexe contient :
une proposition indépendante *Plus rien ne l'effrayait,*
une proposition principale *il risquait sa vie à tout moment,*
et une proposition subordonnée *si bien qu'un jour il la perdit.*

JE VÉRIFIE

	vrai	faux
1. Une proposition contient toujours un verbe dont le sujet est exprimé ou sous-entendu.	☐	☐
2. Une proposition qui dépend d'une principale est appelée « subordonnée ».	☐	☐
3. Une phrase complexe contient plusieurs propositions.	☐	☐

1. vrai – 2. vrai – 3. vrai.

1 Tire un trait entre chaque proposition et souligne leur verbe.

Durant les trois quarts du chemin, Guillaume croyait qu'il roulerait sans problème. Le vent avait changé de direction. Dans le ciel, la pleine lune éclairait la campagne et la forêt. Pourtant le chemin présentait quelques difficultés : à plusieurs reprises, il dut descendre de voiture pour écarter les branches cassées par la tempête.

2 Inscris I si la proposition en italique est une indépendante, P si c'est une principale et S si c'est une subordonnée.

1. La banane est aussi nutritive qu'un œuf mais *elle est plus difficile à digérer.* (...) – 2. *Il étudie assidûment ses leçons* sans qu'on ait besoin de le lui demander. (...) – 3. *Elle a seize ans maintenant,* elle pourra rentrer plus tard. (...) – 4. Elle conclut *qu'il ne faut pas juger les gens trop vite.* (...) – 5. *Je n'ai pas vu le film* dont vous me parlez. (...) – 6. L'époque *où nous vivons* ne satisfait pas beaucoup de gens. (...) – 7. Ils sont restés chez eux : *aucune sortie ne les tentait.* (...) – 8. On ne savait pas *comment on pouvait les calmer.* (...) – 9. *Je me demande* quel vin je pourrais servir avec cette viande. (...) – 10. *Tout le monde savait,* or personne ne dit rien. (...)

3 Coche les phrases qui contiennent une proposition subordonnée.

☐ 1. Où as-tu mis le programme télé que j'ai acheté ce matin ?

☐ 2. Le mauvais temps nous ôtait toute envie de sortir et nous condamnait à l'inactivité.

☐ 3. Il ne peut pas me décevoir : il sait toute l'amitié que j'ai pour lui.

☐ 4. Comme le temps passe vite quand je suis avec elle !

☐ 5. Nous voyons aussi bien qu'en plein jour.

☐ 6. Le lion était nerveux car on ne lui avait pas donné à manger.

☐ 7. Il voulait lui faire comprendre à tout prix que fumer nuisait à la santé.

☐ 8. Accepte le marché que nous te proposons.

☐ 9. Rien n'est jamais perdu, tant qu'il y a de l'espoir.

☐ 10. Tout l'intéresse mais rien ne le passionne.

Aide : *Il y en a six.*

Corrigé des exercices page 232

57 REPÉRER ET MODIFIER LES LIENS ENTRE LES PROPOSITIONS

JE RETIENS

▌ Les propositions contenues dans une phrase complexe peuvent être :
– **juxtaposées**, c'est-à-dire reliées par une virgule, un point-virgule ou un deux-points ;
Ex. : *La cime des arbres se balançait, le vent soufflait en rafales.*
– **coordonnées**, c'est-à-dire reliées par une conjonction de coordination : *mais, ou, et, donc, or, ni, car,* ou un adverbe de liaison : *néanmoins, cependant, aussi, en effet, par conséquent,* etc. ;
Ex. : *La cime des arbres se balançait car le vent soufflait en rafales.*
– **subordonnées**, c'est-à-dire reliées par un mot subordonnant (pronom relatif, conjonction de subordination, mot interrogatif).
Ex. : *La cime des arbres se balançait parce que le vent soufflait en rafales.*

▌ La juxtaposition, la coordination et la subordination établissent un **rapport logique** entre les propositions qu'elles relient :
– implicite (sous-entendu) dans le cas de la juxtaposition ;
– explicite dans les deux autres cas. *Car, en effet, parce que, puisque* expriment la cause ; *donc, c'est pourquoi, si bien que* expriment la conséquence ; *mais, cependant, toutefois, bien que, quoique,* l'opposition, etc.

▌ Modifier le lien unissant deux propositions, c'est choisir la juxtaposition, la coordination ou la subordination, selon le cas, tout en respectant le rapport logique existant.

JE VÉRIFIE

	vrai	faux
1. Une proposition subordonnée est introduite par un mot subordonnant.	☐	☐
2. « donc » est un mot coordonnant qui exprime toujours la conséquence.	☐	☐

1. vrai – 2. vrai.

1 Inscris A si la seconde proposition est juxtaposée, B si elle est coordonnée, C si elle est subordonnée.

1. Il se fait tard, il doit rentrer. (...) – 2. L'hiver arrive, le loir s'endort. (...) – 3. Je m'étais assoupi mais un souffle de vent me réveilla. (...) – 4. Les enfants écoutaient en silence parce qu'ils étaient passionnés par l'histoire. (...) – 5. Donnez-moi ce paquet, il est trop lourd pour vous. (...) – 6. Le comédien est ravi car il a été choisi pour le rôle. (...) – 7. La souris a été prise au piège parce qu'elle a senti le fromage. (...) – 8. Paul s'aperçut qu'il avait perdu ses clés. (...) – 9. Il avait beaucoup de courage, cependant cette terrible nouvelle l'avait anéanti. (...) – 10. Il gèle mais la voiture démarre au premier tour de clé. (...)

2 Complète par « car » ou par « donc ».

1. Il fait trop chaud .... je vais me baigner.

2. Je prends un somnifère .... je n'arrive pas à dormir.

3. Je ne peux pas travailler .... mon chat veut jouer.

4. Je n'aime pas le poisson .... je n'en mangerai pas.

5. Le feu va s'éteindre .... je mets un morceau de bois dans la cheminée.

6. Elle prend du sirop .... elle tousse.

7. Je me mets au régime .... j'ai quelques kilos en trop.

3 Complète par « parce que », « comme », « bien que » ou « si bien que ».

1. Nous irons au cinéma .... nous nous coucherons tard. – 2. Mes enfants ne veulent plus jouer avec eux .... ils sont violents. – 3. .... il ait pris tous ses médicaments, il n'est pas tout à fait guéri. – 4. Elle n'avait pas dormi de la nuit .... ses yeux étaient cernés. – 5. .... vous ne pouvez vous déplacer, nous irons chez vous. – 6. Ma sœur est timide .... elle rougit souvent. – 7. Je m'inquiétais .... ses volets étaient fermés depuis trois jours. – 8. .... l'accident fût violent, personne ne fut blessé. – 9. Ils ont dû quitter leur maison .... elle était inondée.

Corrigé des exercices pages 232-233

58 METTRE LA PONCTUATION DANS UNE PHRASE COMPLEXE

JE RETIENS

❚ Quels signes de ponctuation servent à structurer une phrase complexe, c'est-à-dire à délimiter les propositions qu'elle contient ? La virgule, le deux-points et le point-virgule.

❚ La virgule permet principalement :
– de **juxtaposer** plusieurs propositions de même nature (indépendantes, principales, subordonnées) ;
Ex. : *La circulation était difficile, chacun roulait prudemment.*
– de **mettre en valeur,** en tête de phrase, une proposition subordonnée (conjonctive ou participiale) complément circonstanciel ;
Ex. : *La circulation étant difficile, chacun roulait prudemment.*
– d'**isoler,** à l'intérieur d'une autre proposition, une proposition subordonnée (participiale, conjonctive circonstancielle, relative explicative) ou une proposition incise (voir fiche 81, page 205).
Ex. : *La circulation, qui était difficile, obligeait chacun à rouler prudemment.*
    « La circulation était difficile, dit-il, chacun roulait prudemment. »

❚ Le deux-points et le point-virgule permettent de **juxtaposer** des propositions indépendantes (voir fiche 57, page 157), un **rapport logique** implicite existant alors entre elles (cause, conséquence, opposition, etc.).
Ex. : *La circulation était difficile : chacun circulait prudemment.*

1 **Place les virgules.**

1. Dès que le dimanche arrivait on pensait à se distraire. – 2. Je vois dit-elle que vous avez tout compris. – 3. Comme la mer montait les enfants rentrèrent. – 4. On n'entendait aucun bruit rien ne bougeait chacun attendait. – 5. Je dois s'excusa-t-il vous quitter maintenant. – 6. Quand elle aura dix-huit ans elle partira et elle deviendra célèbre. – 7. Je deviendrai président de la République lança-t-il sérieusement. – 8. Pour gagner un peu d'argent elle faisait le ménage chez des particuliers. – 9. Dès qu'elle prend cinq cents grammes elle se met au régime fait du sport et mange peu. – 10. Je voulais venir expliqua-t-elle mais j'ai eu un empêchement.

2 **Coche les phrases mal ponctuées.**

1. Lorsque je me retournai ; je vis que l'homme me suivait toujours. ☐ – 2. Quand j'étais enfant, mon père m'avait fabriqué une voiture avec une caisse en bois. ☐ – 3. Je regrette : déclara le comédien d'avoir accepté ce rôle. ☐ – 4. Il était incapable de se concentrer ; il distrayait tout le monde. ☐ – 5. Il n'avait qu'un seul but : réussir. ☐ – 6. Si vous lisez les journaux ; vous devez être au courant de cet accident. ☐ – 7. Je ne t'abandonnerai pas, dit-il, je ne le pourrais pas. ☐ – 8. Elle enfila son imperméable, mit ses bottes et sortit sous la pluie. ☐ – 9. Les girouettes grinçaient ; les volets claquaient ; la pluie battait les vitres. ☐ – 10. Dès que la souris sortit de son trou : le chat l'attrapa. ☐

Aide : *Il y en a quatre.*

3 **Coche les phrases où il faut obligatoirement mettre une virgule à l'endroit indiqué par les points de suspension.**

1. Nous ne chantions pas ... nous n'en avions pas le droit. ☐ – 2. Le chef d'orchestre leva sa baguette ... les musiciens étaient prêts à jouer. ☐ – 3. Il boit trop ... il finira par être malade. ☐ – 4. Puisque tu y tiens tellement ... je t'offrirai ce vélo. ☐ – 5. Il était très maigre ... il n'avait que la peau et les os. ☐ – 6. Le temps est venu ... dit-il ... de nous serrer les coudes. ☐ – 7. Comme personne n'avançait ... il poussa tous ceux qui se trouvaient devant lui. ☐ – 8. Une fois les arbres abattus ... les bûcherons se mirent à les élaguer. ☐

Corrigé des exercices page 233

59 RECONNAÎTRE ET ANALYSER UNE SUBORDONNÉE CONJONCTIVE

JE RETIENS

■ Qu'est-ce qu'une proposition subordonnée conjonctive ? C'est un groupe de mots :
– dont le mot noyau est un verbe conjugué ;
– qui dépend d'une proposition principale ;
– qui est rattaché à cette proposition principale par une **conjonction de subordination** ou une **locution conjonctive** (voir fiche 28, page 99).

■ Il existe deux sortes de subordonnées conjonctives :
– la subordonnée conjonctive **complétive**, introduite par « que », « à ce que », « de ce que » et toujours complément d'objet du verbe principal (COD, COI ou COS, voir fiches 40 et 42, pages 123 et 127) ;
Ex. : *Chacun d'entre nous désirait que la pluie cesse au plus tôt.*

– la subordonnée conjonctive **circonstancielle**, introduite par toutes sortes de conjonctions de subordination ou de locutions conjonctives et toujours complément circonstanciel du verbe principal.
Ex. : *Nous ne l'avons jamais revu depuis qu'il a quitté la région* (C.C.T.).

■ Analyser une proposition subordonnée conjonctive, c'est :
– relever la conjonction de subordination ou la locution conjonctive qui l'introduit ;
– préciser sa fonction grammaticale (complément d'objet ou complément circonstanciel).

JE VÉRIFIE

	vrai	faux
1. Une subordonnée conjonctive est une proposition introduite par une conjonction de subordination ou une locution conjonctive.	☐	☐
2. Une subordonnée conjonctive circonstancielle peut être COD.	☐	☐

1. vrai – 2. faux ; elle ne peut être que complément circonstanciel.

---

1 **Quelle est la fonction de la subordonnée complétive : COD ou COI ?**

1. Le vieil homme s'apercevait bien que son chien était malade. (..........) – 2. J'avais entendu dire que certaines plantes guérissaient les verrues. (..........) – 3. Je pensais à ce que je pourrais lui offrir pour son anniversaire. (..........) – 4. Nous nous imaginions que nous ne le reverrions jamais. (..........) – 5. Ses parents tiennent à ce qu'il rentre avant la tombée de la nuit. (..........) – 6. Il profita de ce que personne ne s'occupait de lui pour s'en aller. (..........)

2 **Coche les phrases contenant une subordonnée conjonctive circonstancielle.**

1. Le directeur demanda que les enfants soient rassemblés dans la cour. ☐ – 2. Dès qu'elle fut rentrée, elle enleva ses chaussures. ☐ – 3. Elle se sentira mieux quand elle s'arrêtera de fumer. ☐ – 4. Elle attendit que le jour se lève pour quitter son lit. ☐ – 5. Parce qu'elle était fatiguée, elle décida de prendre des vacances. ☐ – 6. Cet hiver, nous avons donné à manger aux oiseaux pour qu'ils ne meurent pas. ☐

3 **Souligne les subordonnées conjonctives du texte.**

Dans les villes, quand les maisons brûlent, il arrive souvent que des enfants restent dans l'incendie. Et il est très difficile de les sauver parce qu'ils se cachent et que la fumée empêche de les voir. À Londres, on dresse des chiens à les chercher et à les sauver.

Ces chiens sont les camarades des pompiers : ils vivent ensemble. Quand une maison est en feu, les pompiers se servent d'eux pour tirer les enfants hors de l'incendie. A Londres, un chien, nommé Bob, a sauvé douze enfants.

Le feu prit un jour dans une maison. Les pompiers accoururent. Une femme s'élança vers eux. Elle sanglotait ; elle expliquait qu'il y avait dans la maison une fillette de deux ans. Les pompiers envoyèrent Bob la chercher. Bob grimpa l'escalier et disparut dans la fumée.

Cinq minutes après, Bob sortait de la maison, tenant dans sa gueule une petite fille qu'il avait accrochée par la chemise.

Léon TOLSTOÏ, *Histoires vraies.*

Aide : *Il y en a six.*

Corrigé des exercices page 233

60 ANALYSER UNE SUBORDONNÉE CONJONCTIVE CIRCONSTANCIELLE

JE RETIENS

▮ La subordonnée conjonctive circonstancielle est complément circonstanciel du verbe de la principale dont elle dépend.

▮ Il existe sept propositions subordonnées conjonctives circonstancielles différentes :

– la subordonnée conjonctive circonstancielle de **temps**, introduite le plus souvent par « quand », « lorsque », « pendant que », « avant que », « après que », etc. ;

Ex. : *Notre vie était monotone [avant que nous ne fassions ta connaissance].*

– la subordonnée circonstancielle de **but,** introduite le plus souvent par « afin que » ou « pour que » ;

Ex. : *Il s'est bien vite déguisé [afin que nous ne le reconnaissions pas].*

– la subordonnée circonstancielle de **cause**, introduite le plus souvent par « parce que », « puisque », « vu que », « comme » (utilisé avant la principale), « étant donné que » ;

Ex. : *[Comme personne ne bougeait], nous progressâmes avec confiance.*

– la subordonnée conjonctive circonstancielle de **conséquence**, introduite le plus souvent par « si bien que », « au point que », « de sorte que » ;

Ex. : *La circulation était très fluide [si bien que nous rentrâmes rapidement chez nous].*

– la subordonnée conjonctive circonstancielle de **comparaison**, introduite le plus souvent par « comme », « ainsi que » ;

Ex. : *Il a réagi [comme son père l'aurait fait].*

– la subordonnée conjonctive circonstancielle d'**opposition**, introduite le plus souvent par « quoique », « bien que » ;

Ex. : *Personne ne le réprimanda [bien qu'il arrivât très en retard].*

– la subordonnée conjonctive circonstancielle de **condition**, introduite le plus souvent par « si », « à condition que », « à supposer que », « au cas où ».

Ex. : *[Si tu le souhaites], je pourrai t'aider dans ton travail.*

1 **Souligne la subordonnée et inscris sa fonction.**

1. Vous pouvez passer prendre votre colis quand il vous plaira. (....................
..........) 2. L'apprenti effectua son travail comme on le lui avait montré.
(....................) 3. Comme il n'avait rien à ajouter, il se tut. (....................
....................) 4. Elle leur avait écrit pour qu'ils soient là à leur retour.
(....................) 5. Elle était si sûre d'elle qu'elle se trompa en récitant
son texte. (....................)

2 **Complète chaque phrase par l'une des subordonnées proposées dont
la fonction correspond à celle qui est indiquée.**

1. Tu verras ce qui t'arrivera (sub. de condition : …)
2. Tu iras au cinéma (sub. de temps : ...)
3. (sub d'opposition : ...), il sort dans le noir.
4. Le paon fait la roue (sub. de but : ...)
5. Elle préfère vivre à la campagne (sub. de cause : ...)
6. Rien ne s'est alors déroulé (sub. de comparaison : ...)
7. Son comportement le scandalisa (sub. de conséquence : ...)
8. (sub. de but : ...), il faut les envelopper dans du papier journal.

a. comme il l'avait prévu. – b. Bien qu'il ait peur. – c. si tu me désobéis. –
d. Pour que les tomates mûrissent. – e. pour qu'on l'admire. – f. quand tu
auras fait ton travail. – g. au point qu'il ne put s'empêcher de la gifler. –
h. parce qu'elle a besoin d'espace.

3 **Souligne les subordonnées conjonctives circonstancielles contenues
dans ce texte.**

Depuis déjà plusieurs jours, sa dent le faisait souffrir au point qu'il se décida
à prendre rendez-vous chez le dentiste. Celui-ci, après l'avoir examiné, lui
dit que, comme la carie était trop importante, il fallait extraire la molaire.
Quand il sentit la seringue pénétrer sa gencive, Rémi s'agrippa aux accou-
doirs du fauteuil. Mais le pire fut quand le dentiste prit sa pince : à ce
moment-là il se trouva mal, si bien qu'il n'éprouva aucune douleur.

Aide : *Il y en a cinq.*

Corrigé des exercices page 233

61 RECONNAÎTRE ET ANALYSER UNE SUBORDONNÉE RELATIVE

JE RETIENS

■ Qu'est-ce qu'une proposition subordonnée relative ? C'est un groupe de mots :
– dont le mot noyau est un verbe conjugué ;
– qui dépend d'une proposition principale ;
– qui est rattaché à cette proposition principale par un **pronom relatif** : *qui, que, quoi, dont, où, lequel* et ses composés, chargé de représenter dans la subordonnée l'**antécédent** (un nom ou un pronom placé le plus souvent juste avant le pronom relatif).

■ Il existe deux sortes de subordonnées relatives :
– la subordonnée relative **déterminative** qui ne peut être supprimée ;
Ex. : *Les gens qui n'ont pas de carton d'invitation doivent repartir.*
– la subordonnée relative **explicative** qui peut être supprimée.
Ex. : *Le cycliste, qui roulait à contresens, fut renversé par une voiture.*

■ Analyser une subordonnée relative, c'est :
– relever le pronom relatif qui l'introduit et donner sa fonction (on trouve la fonction d'un pronom relatif en le remplaçant par son antécédent dans la subordonnée) ;
– donner la fonction de la subordonnée relative : une subordonnée relative est **complément de l'antécédent**, si l'antécédent est exprimé dans la phrase ; elle a une autre fonction dans le cas contraire (sujet, complément d'objet, attribut du sujet, etc.).

JE VÉRIFIE

	vrai	faux
1. Une subordonnée relative est toujours introduite par un pronom relatif.	☐	☐
2. Une subordonnée relative est toujours complément de l'antécédent.	☐	☐

1. vrai – 2. faux ; elle a une autre fonction quand l'antécédent est sous-entendu.

1 Complète les phrases par le pronom relatif qui convient.

1. L'argent de poche .... ses parents lui donnaient lui servait à acheter des cigarettes .... il fumait à longueur de journée. – 2. Je demandai au vétérinaire un moyen de sauver un chat .... je suis très attaché. – 3. Ce jour-là, le train .... venait de Paris avait plus d'une heure de retard. – 4. Mon grand-père est fait du bois .... on fait les centenaires. – 5. Il y avait tant de brouillard que je ne pus éviter la voiture .... venait en sens inverse. – 6. Le voyageur sortit sa carte d'identité .... il montra au douanier. – 7. L'agent siffla l'automobiliste .... n'avait pas respecté le feu rouge.

2 Inscris la fonction du pronom relatif.

1. Un de mes amis, qui (.........................) possède une maison à la campagne, m'a invité pour quelques jours. – 2. La carte que (....................................) j'ai reçue pour mon anniversaire n'était pas signée. – 3. Les arbres qui (...................
.....................) bordent cette allée en font un agréable lieu de promenade. – 4. Cet historien célèbre, à qui (....................................) on vient de décerner un prix, a écrit un livre passionnant sur la Première Guerre mondiale. – 5. La toile dont (...........................) la tente était recouverte était malheureusement percée. – 6. La chaise sur laquelle (..........................) il s'était appuyé s'effondra sous son poids. – 7. Il connaissait l'endroit où (.........................) il trouverait les matériaux nécessaires.

Aide : *Pour la trouver, tu dois remplacer dans la relative le pronom relatif par son antécédent.*

3 La subordonnée en italique est-elle une relative ? Inscris O (oui) ou N (non).

1. L'éducation *qu'elle a reçue* ne lui a pas rendu service. (…) – 2. Chacun d'entre nous voulait *qu'elle chantât un air d'autrefois.* (…) – 3. Soudain il me vint à l'esprit une idée *à laquelle personne n'avait encore pensé.* (…) – 4. Nous désirons un livre *dans lequel nous trouverons des recettes simples.* (…) – 5. Personne ne savait avec précision *quelles étaient ses intentions véritables.* (…) – 6. J'ai passé mon enfance dans un village *où tout le monde se connaissait.* (…)

Corrigé des exercices page 233

62 RECONNAÎTRE UNE SUBORDONNÉE INTERROGATIVE INDIRECTE

JE RETIENS

▌ Qu'est-ce qu'une proposition subordonnée interrogative indirecte ? C'est un groupe de mots :
– dont le mot noyau est un verbe conjugué ;
– qui dépend d'une proposition principale contenant un verbe à sens interrogatif : *demander, ignorer,* etc. ;
– qui est rattaché à cette proposition principale par un **mot interrogatif**.
Ex. : *Mon père s'est toujours demandé qui l'avait dénoncé.*

▌ Le mot interrogatif peut être :
– un pronom : *qui, ce qui, ce que, lequel,* etc. ;
Ex. : *Nous ignorions [ce qui allait nous arriver].*
– un adjectif : *quel, quelle, quels, quelles* ;
Ex. : *Ils ne savaient pas [quel était le nom de leur voisin].*
– un adverbe : *quand, pourquoi, comment, si, où, combien.*
Ex. : *Dis-moi [comment tu vas].*

▌ La subordonnée interrogative indirecte est toujours **complément d'objet direct** du verbe de la proposition principale ; elle peut être transformée en interrogation directe.

JE VÉRIFIE

	vrai	faux
1. Une subordonnée interrogative indirecte dépend d'un verbe principal à sens interrogatif.	☐	☐
2. Une subordonnée interrogative indirecte est toujours introduite par un pronom interrogatif.	☐	☐

1. vrai – 2. faux ; le mot interrogatif qui l'introduit peut aussi être un adjectif ou un adverbe.

1 **Mets entre crochets les subordonnées interrogatives indirectes.**
1. Vous vous demandez ce qui m'a fait changer d'avis. – 2. Expliquez-moi pourquoi vous êtes en retard. – 3. Son entourage se demandait pourquoi il travaillait tant. – 4. Dis-moi comment on piège les taupes. – 5. Je lui ai passé un coup de fil pour lui demander comment allait son mari. – 6. Montrez-moi sur cette carte où vous habitez. – 7. Les astrologues peuvent dire quand nous allons mourir. – 8. Il ne faut pas être bien malin pour deviner en quoi est cette statue. – 9. Nous aurions bien voulu savoir combien de temps allait durer cette grève. – 10. Je ne savais quel chemin prendre.

2 **Inscris A si le mot interrogatif en italique est un pronom, B si c'est un adjectif, C si c'est un adverbe.**

1. Je me demande *à quel* prix il a finalement acquis ce meuble. (...) – 2. Il dut faire un effort pour se rappeler *à quoi* il avait pu passer son temps. (...) – 3. Sais-tu *combien* d'yeux te regardent ? (...) – 4. Le médecin me demanda *comment* avait agi le traitement. (...) – 5. Tâche de te souvenir *où* tu as rangé le marteau. (...) – 6. Je m'explique mal *pourquoi* ma voisine est si furieuse. (...) – 7. J'étais impatient de savoir *comment* s'était déroulée sa première journée de classe. (...) – 8. J'ignore *s*'il y a une solution au problème. (...) – 9. Écrivez-moi *quel* train vous comptez prendre. (...) – 10. Je me demande *lequel* des deux chats a mangé le poisson rouge. (...)

3 **Mets entre crochets les subordonnées interrogatives indirectes.**

1. La secrétaire à qui je m'adressai commença par me demander qui m'avait envoyé à elle. – 2. L'égarement dans lequel il se trouvait lui fit oublier dans quel tiroir il avait bien pu ranger cette facture. – 3. Vous avez oublié de nous dire, dans la lettre que vous nous avez envoyée, quand vous comptez arriver. – 4. Je me demande ce qui a pu provoquer ce court-circuit. – 5. La vie que nous menions intriguait tous ceux qui nous aimaient. – 6. Je ne comprends pas ce que vous voulez dire.

Aide : *Attention ! L'une de ces phrases ne contient pas de subordonnée interrogative : vois si tu peux transformer la proposition en interrogation directe.*

Corrigé des exercices page 233

63 ÉTUDIER UNE PROPOSITION SUBORDONNÉE

JE RETIENS

▌ Si on te demande d'étudier une proposition subordonnée, précise alors sa **nature** et sa **fonction**.

▌ Une proposition subordonnée introduite :
– par une conjonction de subordination (ou une locution conjonctive) est **conjonctive** (voir fiches 59 et 60, pages 161 et 163) ;
Ex. : *Quand tout va mal, il faut se souvenir des beaux jours.*
– par un pronom relatif est **relative** (fiche 61, page 165) ;
Ex. : *Sophie pensait toujours à celui qu'elle avait rencontré sur l'esplanade.*
– par un mot interrogatif est **interrogative indirecte** (fiche 62, page 167).
Ex. : *Personne ne savait ce qu'il fallait faire.*

▌ Certaines propositions subordonnées ont toujours la même fonction :
– une subordonnée relative est toujours **complément de l'antécédent** (à condition que l'antécédent soit exprimé dans la phrase) ;
– une subordonnée interrogative indirecte est toujours **complément d'objet direct** du verbe dont elle dépend.
Quant aux subordonnées conjonctives et aux subordonnées relatives sans antécédent, leur fonction dépend de la question à laquelle elles répondent, posée à partir du verbe dont elles dépendent.
Ex. : *Qu'il ne soit pas revenu m'inquiète :* subordonnée conjonctive, sujet du verbe « inquiète ».

JE VÉRIFIE

	vrai	faux
1. La nature d'une subordonnée correspond à la nature du mot subordonnant qui l'introduit.	☐	☐
2. Certaines subordonnées ont toujours la même fonction.	☐	☐

1 **Souligne les propositions subordonnées.**

1. Depuis que tu es là, je vais mieux. – 2. Elle ne pouvait oublier le garçon qui lui avait si gentiment porté secours. – 3. Si je réponds avant la date limite, je gagnerai peut-être le concours. – 4. J'ai peaufiné ce travail jusqu'à ce qu'il soit parfait. – 5. Il n'osa pas proférer les injures qui lui venaient à l'esprit. – 6. J'ai longtemps ignoré comment mes grands-parents étaient morts. – 7. Il faut bien avouer que ce livre est difficile à comprendre. – 8. Il possédait un petit avion dont il prenait souvent les commandes.

2 **Inscris A si la phrase contient une subordonnée conjonctive, B si elle contient une subordonnée relative et C si elle contient une subordonnée interrogative indirecte.**

1. Vous pourrez garder ce livre même si vous ne vous abonnez pas. (...) – 2. Tout le monde croyait que le spectacle remporterait un réel succès. (...) – 3. Je me demande si cette version des faits arrangera tout le monde. (...) – 4. Ses collègues se demandent pourquoi elle a accepté ce poste. (...) – 5. Il est convaincu que cette occasion est sa dernière chance. (...) – 6. Quand il se met en colère, il devient écarlate. (...) – 7. Il a retrouvé un ami qui a fait son service militaire avec lui. (...) – 8. Le commissaire a découvert que toutes les victimes portaient les mêmes marques. (...)

Aide : *Il y a cinq subordonnées conjonctives, une subordonnée relative et deux subordonnées interrogatives indirectes.*

3 **Inscris la fonction de la subordonnée en italique.**

1. Cette émission propose des reportages sur des vedettes *qui font l'actualité.* (................) – 2. *Quand elle tournait,* l'actrice restait plusieurs mois à l'étranger. (............................) – 3. Mes parents ne comprenaient pas *que je puisse choisir ce métier.* (............................) – 4. Elle nous demanda de l'aider à retrouver son chien *qui avait disparu la veille.* (............................) – 5. Il ne savait plus au juste *quel symbole ornait cette médaille.* (............................) – 6. *Bien que le premier contact n'ait pas été réussi,* ils sont devenus les meilleurs amis du monde. (............................) – 7. Il a été arrêté *alors qu'il venait chercher la mallette contenant la rançon.* (............................)

Corrigé des exercices page 234

64 PASSER DU DISCOURS DIRECT AU DISCOURS INDIRECT

JE RETIENS

■ Tu sais que **les paroles ou les pensées d'un personnage** peuvent être rapportées :
– telles qu'elles ont été prononcées (discours direct) ;
Ex. : *Il lui répondit : « Je n'obéirai pas. »*
– ou par l'intermédiaire du narrateur ou de l'auteur lui-même (discours indirect).
Ex. : *Il lui répondit qu'il n'obéirait pas.*

■ Le **discours direct** (appelé aussi « style direct ») présente les caractéristiques suivantes :
– discours annoncé par la ponctuation (deux-points, guillemets, tirets) ;
– emploi d'une proposition précisant qui parle (dite « proposition incise ») ;
– emploi privilégié des **pronoms de la première et de la deuxième personne** ;
– emploi privilégié de « ici » et de « maintenant » comme indices de lieu et de temps de référence ;
– emploi du présent de l'indicatif comme temps verbal de référence.

■ Le **discours indirect** (appelé aussi « style indirect ») présente les caractéristiques suivantes :
– discours contenu dans une proposition subordonnée ;
– identité du locuteur précisée dans la proposition principale ;
– emploi privilégié des **pronoms de la troisième personne** ;
– emploi privilégié des adverbes « là » et « alors » comme indices de lieu et de temps de référence ;
– emploi privilégié des temps du passé, soumis à la concordance des temps, comme temps verbaux de référence.

■ Passer du discours direct au discours indirect, c'est appliquer au texte considéré les caractéristiques du discours indirect.

1 Coche les phrases qui contiennent un passage au discours indirect.

1. Il dit : « Je suis fatigué, je vais prendre quelques jours de vacances. » ☐ – 2. Il dit qu'il irait se reposer chez ses parents. ☐ – 3. Il m'a dit : « Je te prêterai mon cahier. » ☐ – 4. Je ne cessais de lui répéter que je ne le connaissais pas. ☐ – 5. Il pensa : « Dimanche prochain, j'irai chez mon oncle. » ☐

2 Voici des phrases au discours direct transcrites au discours indirect avec une erreur : souligne cette erreur.

1. Il soupira en disant : « Une bonne soupe me fera du bien ! »
→ Il soupira en disant qu'une bonne soupe lui fera du bien.
2. Il les fit entrer et leur demanda : « Prendrez-vous un verre ? »
→ Il les fit entrer et leur demanda si vous prendriez un verre.
3. Le vieil homme s'approcha et me dit : « Ici, tout est mystère. »
↳ Le vieil homme s'approcha et me dit qu'ici tout était mystère.
4. Il me demanda : « M'aimes-tu vraiment ? »
→ Il me demanda si tu m'aimais vraiment.

3 Complète les phrases transcrites au discours indirect.

1. Ma mère me demanda : « Où as-tu rangé ton pyjama ? »
→ Ma mère me demanda où ...... avais rangé .... pyjama.
2. Grand-père demanda : « Qui vient avec moi ? »
→ Grand-père demanda .... venait avec ....
3. Il déclara : « Je ne sais plus rien, je ne sais plus qui je suis, d'où je viens. »
→ Il déclara qu'...... ne savait plus rien, qu'...... ne savait plus qui ...... était, ... il venait.
4. Le policier lui a dit : « Suivez-moi maintenant au commissariat. »
→ Le policier lui dit de .... suivre .... au commissariat.
5. Mes amis me demandèrent : « Peut-on compter sur toi ? »
→ Mes amis me demandèrent si ...... pouvait compter sur ....

SUIVEZ-MOI MON GAILLARD!

Corrigé des exercices page 234

65 TROUVER UN SYNONYME OU UN CONTRAIRE

JE RETIENS

▌ Si tu dois trouver un synonyme, donne un mot (ou une expression) :
– ayant un **sens très proche** ;
– ayant la même nature grammaticale.
Ex. : *fou/insensé* ; *fantassin/soldat* ; *demander/solliciter*, etc.
Il faut que le synonyme proposé puisse remplacer, dans le même contexte, le mot initialement indiqué. Attention, deux mots ne sont pas interchangeables quand ils appartiennent à :
– des registres de langue différents *(fou/barjo)* ;
– des époques différentes *(fantassin/lansquenet)* ;
– des degrés d'intensité différents *(demander/exiger)*.

▌ Si tu dois trouver un **contraire** (ou **antonyme**), donne un mot (ou une expression) :
– ayant un **sens opposé** ;
– ayant la même nature grammaticale ;
Ex. : *doux/rugueux* ; *prospérité/dépression* ; *trouver/perdre*, etc.
Les contraires vont généralement par couples. Ils font partie :
– soit de deux familles de mots différentes *(lourd/léger)* ;
– soit de la même famille de mots : dans ce cas, l'un des mots contient un **préfixe négatif** *(lisible/illisible)*.

JE VÉRIFIE

	vrai	faux
1. Deux synonymes doivent avoir la même nature grammaticale.	☐	☐
2. Le choix d'un synonyme ou d'un contraire dépend du contexte dans lequel il doit être utilisé.	☐	☐

1. vrai – 2. vrai.

1 **Inscris après chaque mot de la première série la lettre correspondant à son synonyme.**

1. abattre (...) – 2. abominable (...) – 3. bourrasque (...) – 4. escroc (...) – 5. exploit (...) – 6. froisser (...) – 7. habitude (...) – 8. escargot (...) – 9. marmelade (...) – 10. boutique (...).

a. rafale – b. prouesse – c. coutume – d. chiffonner – e. couper – f. voleur – g. magasin – h. épouvantable – i. colimaçon – j. compote.

2 **Barre l'intrus.**

1. joie, contentement, satisfaction, plaisir, rancœur, allégresse.

2. métamorphose, avatar, transformation, évolution, mesure, transmutation, changement.

3. maison, habitation, mairie, logis, villa, résidence, bâtisse.

4. misérable, pauvre, médiocre, moral, lamentable, pitoyable.

5. fier, orgueilleux, commode, altier, hautain.

3 **Inscris après chaque mot en italique la lettre correspondant à son synonyme.**

1. un élève *bavard* (...) – 2. régler *l'addition* (...) – 3. *assouvir* (...) sa soif – 4. un *chandelier* (...) à trois branches – 5. entonner une *chanson* (...) – 6. une *clôture* (...) en béton – 7. *contenir* (...) des trésors – 8. établir une *contravention* (...) – 9. recevoir des *convives* (...) – 10. il se sent *coupable* (...).

a. étancher – b. enceinte – c. loquace – d. invités – e. la note – f. un air – g. un procès-verbal – h. renfermer – i. responsable – j. bougeoir.

4 **Inscris après chaque mot de la première série la lettre correspondant à son antonyme.**

1. accélération (...) – 2. agressif (...) – 3. collectif (...) – 4. débuter (...) – 5. raison (...) – 6. hardi (...) – 7. majuscule (...) – 8. capituler (...) – 9. punition (...) – 10. sobre (...).

a. individuel – b. lâche – c. résister – d. folie – e. minuscule – f. récompense – g. inoffensif – h. ivrogne – i. achever – j. ralentissement.

Corrigé des exercices page 234

66 DONNER LE SENS D'UN MOT OU D'UNE EXPRESSION

JE RETIENS

▌ Si tu dois donner le sens d'un mot, explique le sens qu'il a dans la phrase où il est utilisé (**sens contextuel**).

Ex. : *« cour » signifie « entourage d'un souverain » dans « La cour s'est installée à Chambord. »*

▌ La définition d'un mot doit :
– être contenue dans une phrase développée (ou **paraphrase**) : en effet, donner le sens d'un mot ne consiste pas à donner un synonyme ;
– être introduite par deux points ou par un verbe comme « signifier » ou « vouloir dire » ;
– être rédigée sans qu'y soit repris d'une façon ou d'une autre le mot à définir.

▌ **Remarques :**
– Pour définir une expression, il ne faut pas donner le sens de chacun des mots qui la composent, mais donner le sens général de l'expression.
– Si le sens d'un mot est inconnu, l'analyse de son contexte immédiat ou bien de sa **formation** et de son **étymologie** est indispensable.

JE VÉRIFIE

	vrai	faux
1. Le sens contextuel d'un mot est le sens qu'il a dans la phrase qui l'utilise.	☐	☐
2. Donner le sens d'un mot peut consister à en donner un synonyme.	☐	☐
3. Il est possible d'utiliser le mot à définir dans la définition qu'on en donne.	☐	☐

1. vrai – 2. faux ; la définition doit être une paraphrase. – 3. faux.

1 Écris le mot qui correspond à l'ensemble des définitions données.

1. a. enveloppe d'un tronc d'arbre et de ses branches qu'on peut détacher du bois ; b. enveloppe coriace de certains fruits ; c. enveloppe extérieure, apparence. (...)

2. a. table sur laquelle on écrit, on travaille ; b. pièce où est installée la table de travail avec les meubles indispensables ; c. lieu de travail des employés d'une entreprise ; d. services assurés par un établissement public.

(...)

3. a. graines du fruit du caféier, contenant une alcaloïde aux propriétés stimulantes ; b. boisson obtenue par infusion de grains torréfiés et moulus ; c. lieu public où l'on consomme des boissons. (...)

2 Coche la définition qui correspond au sens contextuel du mot en italique.

1. Il faudrait réparer la *cuisinière*.

a. personne qui a pour métier de faire la cuisine. – b. fourneau de cuisine servant à chauffer, à cuire les aliments.

2. Il a rangé toutes ses factures dans une *chemise*.

a. vêtement couvrant le torse. – b. couverture dans laquelle on insère des documents.

3. Nous proposons à l'acheteur un *éventail* d'articles.

a. accessoire portatif qu'on agite d'un mouvement de va-et-vient pour produire un courant d'air. – b. ensemble de choses diverses de même catégorie.

4. Si votre *ramage* se rapporte à votre plumage...

a. rameau, branchage. – b. chant des oiseaux dans les rameaux.

5. Le *réveil* de la nature est pour bientôt.

a. passage du sommeil à l'état de veille. – b. cessation de l'anesthésie, du coma. – c. le fait de reprendre une activité après une interruption, un sommeil. – d. petite pendule dont la sonnerie se déclenche automatiquement à l'heure désirée.

6. Il a changé d'*étiquette* politique.

a. écriteau sur le dossier d'un procès portant le nom du demandeur, du défenseur et du procureur. – b. petit morceau de papier, de carton fixé à un objet. – c. ce qui marque quelqu'un et le classe.

Corrigé des exercices page 234

67 RÉEMPLOYER UN MOT AVEC UN SENS DIFFÉRENT

JE RETIENS

▌ La plupart des mots ont plusieurs sens, répertoriés dans le même article du dictionnaire : on nomme cette propriété **polysémie**.

Ex. : *Sens différents du mot « cour » :*
– *espace découvert clos de murs ou de bâtiments et dépendant d'une habitation ;*
– *résidence du souverain et de son entourage ;*
– *entourage du souverain ;*
– *tribunal.*

Les différents sens que prend un mot constituent son **champ sémantique**.

▌ La polysémie repose principalement sur la différence entre :
– le sens concret et le sens abstrait ;

Ex. : *jalousie : a. sentiment hostile qu'on éprouve en voyant un autre jouir d'un avantage qu'on ne possède pas (sens abstrait) ; b. volet mobile composé de lames verticales orientables (sens concret).*

– le sens propre et le sens figuré ;

Ex. : *sommet : a. point culminant du relief (sens propre) ; b. degré supérieur, suprême (sens figuré).*

– le sens ancien et le sens moderne.

Ex. : *ruelle : a. petite rue étroite (sens moderne) ; b. espace libre entre un lit et le mur ou entre deux lits (sens ancien).*

▌ Le sens d'un mot dépend de son **contexte** : réemployer un mot avec un sens différent, c'est donc le placer dans un autre contexte.

JE VÉRIFIE

	vrai	faux
1. La polysémie prend en compte les homonymes d'un mot.	☐	☐
2. Le sens d'un mot dépend de son contexte.	☐	☐

1. faux ; la polysémie ne prend en compte que les différents sens d'un même mot, donc tous les sens que regroupe un dictionnaire dans un seul et même article. – 2. vrai.

1 Trouve le mot correspondant aux définitions données.

1. a. passage entre deux sommets montagneux ; b. partie du vêtement qui entoure le cou. (.......................................)

2. a. mammifère carnivore, proche du chien, vivant à l'état sauvage ; b. masque de velours couvrant une partie du visage. (.......................................)

3. a. objet généralement rond que l'on fixe sur les vêtements pour en assurer la fermeture ; b. petite pustule sur la peau. (.......................................)

4. a. instrument de métal servant à faire fonctionner une serrure ; b. ce qui explique, qui permet de comprendre. (.......................................)

2 Le mot en italique est-il utilisé au sens propre (SP) ou au sens figuré (SF) ?

1. Un *torrent* de larmes inonda son visage. (........) – 2. Le verre *se brisa* en mille morceaux. (........) – 3. Sa voix paraissait *éteinte*. (........) – 4. Tu me *fends* le cœur. (........) – 5. Un bruit *court* dans la ville. (........) – 6. Une *barrière* ferme le pré. (........) – 7. Un *bouchon* s'est formé à l'entrée de la ville. (........) – 8. Ce vieillard est encore bien *vert*. (........) – 9. Il a perdu la *tête*. (........) – 10. J'ai perdu mes *clefs*. (........)

3 Écris à la suite de chaque définition le mot auquel elle correspond parmi les sept suivants : *gauche, grossier, secret, appréhender, reconnaître, pension, pensée*.

1. réflexion, capacité intellectuelle (.....................) – 2. qu'on ne doit indiquer à personne (.....................) – 3. direction (.....................) – 4. se souvenir de quelque chose (.....................) – 5. qui manque de finesse (..................................) – 6. ne dit jamais ce qu'il ressent (.....................) – 7. allocation régulièrement versée (.....................) – 8. arrêter quelqu'un (..................................) – 9. rugueux (.....................) – 10. envisager avec crainte (..................................) – 11. particulièrement maladroit (.....................) – 12. établissement assurant l'hébergement des élèves (.....................) – 13. admettre qu'on a fait quelque chose (.....................) – 14. fleur considérée comme l'emblème du souvenir (.....................).

Corrigé des exercices page 234

68 ÉTUDIER UN CHAMP LEXICAL

JE RETIENS

▌ Qu'est-ce qu'un champ lexical ? C'est un ensemble de mots ou d'expressions pouvant être de nature grammaticale différente et évoquant **un même thème**. Tous peuvent être ainsi regroupés sous un même **terme générique** (ou « hyperonyme »).

Ex. : *Champ lexical de la peur : angoisse, terroriser, panique, dégonflé, intimider, frayeur, phobie, effrayer, craintivement, etc.*

▌ Étudier un champ lexical dans un texte donné, c'est donc :
– **relever** tout d'abord tous les mots ou expressions dont le sens illustre le thème choisi ;
– **classer** ensuite ces mots ou expressions selon leur nature grammaticale respective.

Ex. : *Noms communs : angoisse, panique, frayeur, phobie ;*
verbes : terroriser, intimider ;
adjectifs (ou participes passés employés comme adjectifs) : dégonflé, redoutable ;
adverbe : craintivement.
Il est rare qu'un texte ne contienne qu'un seul champ lexical.

▌ Un même mot, en raison de sa polysémie, peut appartenir à des champs lexicaux différents selon le contexte dans lequel il est utilisé : ainsi l'adjectif « menaçant » peut-il aussi bien entrer dans le champ lexical de la peur que dans celui de l'agressivité, par exemple.

JE VÉRIFIE

	vrai	faux
1. Un champ lexical regroupe des mots ou des expressions se rapportant à un même thème.	☐	☐
2. Les mots ou expressions contenus dans un champ lexical sont des synonymes.	☐	☐

1. vrai – 2. faux ; s'ils sont proches par le sens, ils se distinguent par leur nature grammaticale.

1 **Écris après chaque mot de la liste la lettre correspondant au champ lexical concerné.**

A. école – B. jardinage – C. cheval – D. campagne – E. football.
1. rural (...) – 2. agricole (...) – 3. bêcher (...) – 4. crayon (...) – 5. tableau (...) –
6. goal (...) – 7. équitation (...) – 8. râteau (...) – 9. ferme (...) – 10. but (...) –
11. ballon (...) – 12. grammaire (...) – 13. dictée (...) – 14. selle (...) – 15. capitaine (...) – 16. attaquant (...) – 17. pâturage (...) – 18. semis (...) – 19. légumes
(...) – 20. écurie (...) – 21. rentrée (...) – 22. classe (...) – 23. avant-centre (...) –
24. éperon (...) – 25. équipe (...) – 26. fleur (...) – 27. massif (...) – 28. champ (...).

2 **Souligne les noms communs appartenant dans le texte suivant au champ lexical de la coiffure.**

J'avais rendez-vous chez le coiffeur mercredi dernier. Une apprentie m'a fait asseoir et m'a mis une serviette autour du cou. Avant de me mouiller les cheveux, elle m'a fait remarquer que j'avais des pellicules et m'a conseillé un shampooing approprié. Comme je ne savais quelle coupe choisir, elle m'a montré un catalogue proposant différentes coiffures. J'ai finalement choisi de faire une mise en plis. Ma chevelure n'étant pas très longue, elle a pris ses ciseaux et m'a seulement coupé les pointes. Puis elle a posé des bigoudis et m'a installée sous le séchoir pour une demi-heure. Une fois mes cheveux secs, elle a ôté les rouleaux un à un. Elle m'a brossée patiemment et, pour terminer, a pulvérisé un soupçon de laque.

Aide : *Il y en a seize.*

3 **Barre les intrus (trois par série).**

1. jouer, instrument, concert, chanteur, violon, éponger, rythme, note, soliste, chœur, composer, imbroglio, imprésario, synthétiseur, porte, sonorisation.
2. affranchir, lettre, timbre, chauffeur, facteur, enveloppe, colis, paquet, journal, tabac, tri, envoyer, recommandé, solide, peser, tamponner.
3. volant, rouler, carrosserie, courroie, vidange, vitrine, pare-brise, parechocs, accélérer, mesurer, rétrograder, freins, klaxon, clignotant, guirlande, pédales, ceinture.

Corrigé des exercices page 234

69 DONNER DES MOTS DE LA MÊME FAMILLE

JE RETIENS

▌ Sont appelés mots de la même famille des mots qui sont formés à partir d'un **même radical** et qui évoquent la même idée.

▌ Le radical est la partie essentielle d'un mot, celle qui porte son **sens étymologique** (le sens de la racine, la plupart des mots étant issus du latin).

▌ Dans une famille de mots :
– tantôt le radical présente la même forme ;
Ex. : *char/charrette* ; *caractère/caractériser* ; *ombre/ombreux*, etc.
– tantôt il présente une forme plus ou moins modifiée.
Ex. : *pain/panifié* ; *pied/pédestre* ; *cheval/cavalier*, etc.

▌ Pour donner un mot de la même famille, on ajoute au radical :
– un **préfixe** ;
Ex. : *vent/auvent*.
– un **suffixe** ;
Ex. : *vent/venteux*.
– éventuellement les deux.
Ex. : *vent/éventer*.

JE VÉRIFIE

	vrai	faux
1. Les mots d'une même famille sont formés à partir de radicaux différents.	☐	☐
2. Un radical présente toujours la même forme.	☐	☐
3. On peut trouver un mot de la même famille en ajoutant un préfixe au radical.	☐	☐

1. faux ; c'est toujours le même radical, lequel présente parfois des formes différentes. – 2. faux – 3. vrai.

1 Écris après chaque mot de la liste la lettre correspondant à la famille de mots concernée :

A. chiffon – B. monnaie – C. nouveau – D. cœur – E. père.

1. monnayable (...) – 2. paterner (...) – 3. chiffonnade (...) – 4. renouveler (...) – 5. cordial (...) – 6. écœurant (...) – 7. monétiser (...) – 8. nouveauté (...) – 9. chiffonnier (...) – 10. renouvellement (...) – 11. monnayeur (...) – 12. écœurer (...) – 13. paternaliste (...) – 14. paternité (...) – 15. écœurement (...) – 16. déchiffonné (...).

2 Donne un mot de la même famille en ajoutant un préfixe négatif.

1. charge : ....   8. nouer : ....
2. heureux : ....   9. paraître : ....
3. faire : ....   10. discret : ....
4. mettre : ....   11. connaissance : ....
5. correct : ....   12. habiller : ....
6. séparable : ....   13. digeste : ....
7. vêtir : ....   14. amical : ....

3 Donne un mot de la même famille en ajoutant un suffixe diminutif.

1. fille : ....   7. poule : ....
2. maison : ....   8. boule : ....
3. jardin : ....   9. tour : ....
4. garçon : ....   10. table : ....
5. fourche : ....   11. agneau : ....
6. wagon : ....   12. livre : ....

Corrigé des exercices pages 234-235

70 INDIQUER COMMENT UN MOT DÉRIVÉ EST FORMÉ

JE RETIENS

▐ Pour former un mot dérivé, on associe un **suffixe** et/ou un **préfixe** au radical. Le suffixe est un élément placé **après** le radical ; le préfixe est un élément placé **avant** le radical. Tous deux modifient le sens initial en ajoutant une nuance particulière.

Ex. : *vantard (suffixe péjoratif « -ard ») ; garçonnet (suffixe diminutif « -et ») ; inexprimable (préfixe négatif « in- ») ; exporter (préfixe « ex- » signifiant « hors de »).*

▐ Sache aussi que **l'adverbe en « -ment »** se forme le plus souvent à partir du féminin de l'adjectif ;

Ex. : *fraîche/fraîchement ; sotte/sottement ; doux/doucement*, etc.

Sache également ceci :
– aux adjectifs terminés par « -ent » correspondent des adverbes en « -emment » ;

Ex. : *patient/patiemment ; prudent/prudemment ; violent/violemment*, etc.

– aux adjectifs terminés par « -ant » correspondent des adverbes en « -amment ».

Ex. : *bruyant/bruyamment ; savant/savamment ; méchant/méchamment*, etc.

Retiens qu'on écrit : *gaiement* ou *gaîment ; vraiment ; assidûment, crûment, goulûment.*

JE VÉRIFIE

	vrai	faux
1. Le préfixe précède le radical.	☐	☐
2. L'adverbe en « -ment » se forme à partir d'un nom féminin.	☐	☐
3. L'adverbe s'écrit « -emment » si l'adjectif correspondant se termine par « -ent ».	☐	☐

---

1. vrai – 2. faux ; il se forme toujours à partir d'un adjectif. – 3. vrai.

1 S'il s'agit d'un adverbe, écris O (oui), sinon écris N (non).

1. malencontreusement (...) – 2. symétriquement (...) – 3. vrombissement (...) –
4. crissement (...) – 5. récemment (...) – 6. grincement (...) – 7. platement
(...) – 8. flottement (...) – 9. frémissement (...) – 10. sauvagement (...) –
11. follement (...).

2 Donne l'adverbe formé à partir de chacun des adjectifs suivants.

1. élégant : ....
2. violent : ....
3. récent : ....
4. bruyant : ....
5. constant : ....
6. pesant : ....
7. prudent : ....
8. pertinent : ....
9. ardent : ....
10. vaillant : ....

3 Remplace le groupe de mots en italique par l'adverbe correspondant.

1. *Avec adresse* (....................................), il a réussi à déjouer tous les pièges.
2. Ce repas s'est déroulé *dans un grand bruit* (....................................).
3. Il secoua le pommier *avec vigueur* (....................................).
4. On l'a battue *avec cruauté* (....................................).
5. Elle me présenta *avec fierté* (....................................) son mari.
6. Elle dansait *avec grâce* (....................................).
7. C'est *avec gaîté* (....................................) qu'ils firent leurs devoirs.
8. Le soir, elle embrassait *avec tendresse* (....................................) son bébé.
9. L'employé a répondu *avec vulgarité* (....................................) à son supérieur.
10. Il a surmonté les épreuves *avec courage* (....................................).

Corrigé des exercices page 235

71 INDIQUER LE REGISTRE DE LANGUE D'UN MOT OU D'UNE EXPRESSION

JE RETIENS

▌ Les **registres de langue** (ou niveaux de langue) correspondent aux variations phonétiques, lexicales et syntaxiques que subit un message selon une situation de communication donnée.

▌ Retiens qu'il existe trois registres de langue différents :
– le registre **soutenu**, utilisant une prononciation, un vocabulaire et une grammaire raffinés (diction expressive, mots et expressions recherchés, rares, abstraits ; figures de style ; constructions de phrases variées) ;
Ex. : *Quel que fût le moment de la journée, le soleil brillait de mille feux.*
– le registre **courant**, usant d'une prononciation, d'un vocabulaire et d'une grammaire ordinaires (diction naturelle, mots et expressions courants, constructions de phrases usuelles, communes) ;
Ex. : *Durant la journée, le soleil brillait beaucoup.*
– le registre **familier**, utilisant une prononciation, un vocabulaire et une grammaire relâchés (diction fautive, mots et expressions déformés, abrégés, populaires, impropres ; constructions de phrases incorrectes).
Ex. : *L'aut'jour, l'soleil, y tapait dur.*

JE VÉRIFIE

	vrai	faux
1. Un registre de langue est déterminé à partir du seul vocabulaire utilisé.	☐	☐
2. Le registre familier correspond à une utilisation correcte de la langue.	☐	☐

1. faux ; la syntaxe et la prononciation servent aussi à déterminer un registre de langue. – 2. faux ; ce sont les registres soutenu et courant.

1 Écris S si le mot appartient à la langue soutenue, C s'il appartient à la langue courante et F s'il appartient à la langue familière.

1. souffrent (...) – 2. ouvrage (...) – 3. fric (...) – 4. se gourer (...) – 5. automobile (...) – 6. fatigué (...) – 7. patraque (...) – 8. dément (...) – 9. égarer (...) – 10. patienter (...) – 11. télé (...) – 12. livre (...) – 13. argent (...) – 14. se fourvoyer (...) – 15. voiture (...) – 16. exténué (...) – 17. malade (...) – 18. fou (...) – 19. perdre (...) – 20. attendre (...) – 21. téloche (...) – 22. bouquin (...) – 23. pécule (...) – 24. se tromper (...) – 25. vanné (...) – 26. télévision (...) – 27. dingue (...) – 28. paumer (...) – 29. poireauter (...).

2 Remplace le mot en italique par un synonyme appartenant au langage courant.

1. Il a *dégringolé* (....................................) de l'échelle.
2. C'est un travail vraiment *casse-pieds* (..................................).
3. C'est un *trouillard* (..............................), il n'osera jamais y aller.
4. Ce matin, le professeur était *grincheux* (..................................).
5. Mon voisin m'a raconté une histoire *marrante* (..................................).
6. Je n'ai pu m'empêcher de lui donner une *baffe* (..................................).
7. Mes parents se sont acheté une *baraque* (..........................) à la montagne.
8. Il devrait vraiment se faire couper les *tifs* (..................................).
9. Il voudrait trouver un *job* (..................................).
10. Il y a déjà dix ans qu'il est *clamsé* (..................................).

3 Complète par un synonyme du registre de langue indiqué.

	SOUTENU	COURANT	FAMILIER
1.	distrayant	....	marrant
2.	....	apprendre	potasser
3.	suffisamment	assez	....
4.	patienter	attendre	....
5.	battre	....	tabasser
6.	....	beau	chouette
7.	abondamment	beaucoup	....

Corrigé des exercices page 235

72 INDIQUER LE TYPE D'UN TEXTE

JE RETIENS

▌ On distingue quatre types de textes dominants : le texte **narratif**, le texte **descriptif**, le texte **explicatif** et le texte **argumentatif**.

▌ Le texte narratif se caractérise principalement par :
– la narration de **faits** réels ou imaginaires ;
– le déroulement de ces faits dans le **temps**, selon une chronologie permettant le passage d'un état initial à un état final (utilisation privilégiée des connecteurs temporels).

▌ Le texte descriptif se caractérise principalement par :
– la **description** d'un personnage, d'un paysage, d'une situation... ;
– la disposition des éléments de la description dans l'**espace** (utilisation privilégiée des connecteurs spatiaux).

▌ Le texte explicatif se caractérise principalement par :
– la transmission d'une information ;
– la répartition des éléments d'information dans le texte à l'aide d'opérations logiques : cause(s), conséquence(s), opposition(s), etc. (utilisation privilégiée des connecteurs logiques).

▌ Le texte argumentatif se caractérise principalement par :
– la présentation d'une **réflexion personnelle** (utilisation privilégiée des indices d'énonciation) ;
– l'organisation de cette réflexion dans le texte, à travers une combinaison d'**arguments** (utilisation privilégiée des connecteurs logiques).

JE VÉRIFIE

	vrai	faux
1. L'utilisation privilégiée des indices de temps dans un texte permet d'identifier un texte narratif.	☐	☐
2. Le texte argumentatif présente une opinion particulière sur un sujet donné.	☐	☐

1. vrai – 2. vrai ; il est l'exposé d'une réflexion personnelle.

JE M'ENTRAÎNE

1 Inscris N s'il s'agit d'un texte narratif, D s'il s'agit d'un texte descriptif, E s'il s'agit d'un texte explicatif, A s'il s'agit d'un texte argumentatif.

1. Un matin que Madeleine Blanchet, la jeune meunière du Cornouer, s'en allait au bout de son pré pour laver à la fontaine, elle trouva un petit enfant assis devant sa planchette et jouant avec la paille qui sert de coussinet aux genoux des lavandières. (.......)

George SAND, *François le Champi*, Gallimard, 1976.

2. 30 % des médecins spécialistes du poumons fument ! Et de se couvrir la tête de leurs cendres... Tout en faisant remarquer qu'ils ont fait des efforts : lorsque Simone Veil lança sa campagne d'information il y a seize ans, la profession (toutes branches confondues) était celle où on enregistrait le plus de fumeurs. Preuve que les cordonniers sont toujours les plus mal chaussés...

Bernard Desmettre, *La Voix du Nord*, 3 octobre 1992.

3. La neige tourbillonnait maintenant sur les parois et à la voix profonde du vent se mêla une plainte monotone, lancinante, comme si on froissait sans arrêt du papier ou que la montagne tout entière se mît à gémir ! De la muraille de rocher toute plaquée d'ivoire se détachaient des pans de neige qui coulaient sans arrêt, produisant ce bruit étrange. (.......)

FRISON-ROCHE, *Premier de cordée*, Arthaud, 1993.

Aide : *Un type de texte n'est pas illustré.*

2 Le terme participe-t-il de l'organisation d'un texte narratif (N), d'un texte descriptif (D) ou d'un texte argumentatif (A) ?

1. à gauche (......) – 2. également (......) – 3. à côté de (......) – 4. plus loin (......) – 5. au contraire (......) – 6. à l'horizon (......) – 7. puis (......) – 8. ainsi (......) – 9. enfin (......) – 10. d'abord (......) – 11. pendant (......) – 12. de plus (......) – 13. ensuite (......) – 14. toutefois (......) – 15. peu après (......) – 16. à peine (......) – 17. de là (......) – 18. par conséquent (......).

Aide : *Deux réponses sont parfois possibles.*

Corrigé des exercices page 235

73 DONNER UN TITRE À UN TEXTE

JE RETIENS

▌ Un titre est une expression, placée en en-tête et constituée d'un ou de plusieurs mots, qui désigne le sujet traité dans le texte de référence donné.

▌ Pour donner un titre à un texte, il te faut :
– d'abord, en **identifier le type** (narratif, descriptif, explicatif ou argumentatif, voir fiche 72, page 187) ;
– ensuite, en **délimiter les différentes parties** en s'appuyant sur la division du texte en paragraphes et/ou sur les connecteurs utilisés (connecteurs spatiaux, temporels ou logiques, etc.) ;
– enfin, définir leur **thème commun,** que le titre est chargé d'exprimer, en relevant, par exemple, les champs lexicaux développés (voir fiche 68, page 179).

▌ Le titre proposé doit :
– couvrir **l'ensemble du texte** de référence, et non une partie seulement ;
– être **court**, correspondant de préférence à un groupe nominal ou à une phrase nominale (sans verbe conjugué) ;
– **inciter à la lecture** grâce à l'emploi de termes précis et suggestifs et/ou de signes de ponctuation expressifs.

JE VÉRIFIE

	vrai	faux
1. Un titre doit toujours couvrir l'ensemble d'un texte.	☐	☐
2. Il est vivement conseillé de proposer un titre sous la forme d'une phrase complète.	☐	☐

1. vrai – 2. faux ; un titre doit être court et correspondre de préférence à un groupe nominal ou à une phrase nominale.

1 Coche le titre qui convient à ce texte.

Parce que, avec sa barbe, son grand chapeau de cuir à larges bords, sa chemise à carreaux façon trappeur, son jean et ses bottes, il ressemblait à ce qu'il est... Parce qu'il avait dans les yeux une sorte d'inquiétude, comme s'il venait de laisser son traîneau avec ses chiens en stationnement dans la rue, en bas de l'immeuble, et qu'il avait hâte de les retrouver... Parce qu'il souriait en prenant son temps... Parce qu'il avait envie de raconter, mais une seule et bonne fois, son aventure à quelqu'un, comme pour s'en débarrasser... J'ai compris dès notre première rencontre que François Varigas deviendrait mon ami.

Jean-François CHAIGNEAU, Préface au livre de François VARIGAS,
Dix Chiens pour un rêve.

☐ Mon ami.
☐ François Varigas, conducteur de chiens de traîneau.
☐ Le cow-boy.

2 Même exercice.

Je fus persiflé sur mon amour pour les étoiles et ma mère me défendit de rester au jardin le soir. Les défenses tyranniques aiguisent encore plus une passion chez les enfants que chez les hommes ; les enfants ont sur eux l'avantage de ne penser qu'à la chose défendue, qui leur offre alors des attraits irrésistibles. J'eus donc souvent le fouet pour mon étoile. Ne pouvant me confier à personne, je lui disais mes chagrins dans ce délicieux ramage intérieur par lequel un enfant bégaie ses premières paroles. A l'âge de douze ans, au collège, je la contemplais encore en éprouvant d'indicibles délices, tant les impressions reçues au matin de la vie laissent de profondes traces au cœur.

De cinq ans plus âgé que moi, Charles fut aussi bel enfant qu'il est bel homme. Il était le privilégié de mon père, l'amour de ma mère, l'espoir de ma famille, partout le roi de la maison. Bien fait et robuste, il avait un précepteur. Moi, chétif et malingre, à cinq ans je fus envoyé comme externe dans une pension de la ville, conduit le matin et ramené le soir par le valet de mon père.

Honoré de BALZAC, Le Lys dans la vallée.

☐ La passion des étoiles.
☐ Un enfant mal aimé.
☐ Mon frère aîné.

Corrigé des exercices page 235

74 ÉTUDIER LA COMPOSITION D'UN TEXTE

JE RETIENS

▋ Les textes de référence proposés à l'analyse sont :
– soit des **textes narratifs** (racontant des faits réels ou imaginaires) ;
– soit des **textes descriptifs** (détaillant des lieux, des objets, des personnages, etc.) ;
– soit des **textes mixtes**, associant narration et description.

▋ Quel que soit le type de texte proposé, il présente toujours une structure cohérente dont les différentes parties s'enchaînent selon des principes d'organisation précis. Étudier la composition d'un texte, c'est trouver le plan sur lequel il est construit, c'est-à-dire **délimiter** et **titrer** ses parties constitutives.

▋ Pour délimiter les différentes parties d'un texte, il faut relever :
– les **connecteurs temporels** s'il s'agit d'un texte narratif ;
– les **connecteurs spatiaux** s'il s'agit d'un texte descriptif ;
– les **connecteurs spatio-temporels** s'il s'agit d'un texte mixte.

▋ Pour titrer les différentes parties délimitées, il suffit de se demander pour chacune d'elles de quoi il est question et de présenter la réponse de préférence sous la forme d'un groupe nominal ou d'une phrase nominale.

JE VÉRIFIE

	vrai	faux
1. Il se peut qu'un texte associe narration et description.	☐	☐
2. Chaque partie d'un texte doit être titrée.	☐	☐

1. vrai – 2. vrai : il faut la présenter sous la forme d'un groupe nominal ou d'une phrase nominale.

■ **Lis le texte suivant et réponds aux questions.**

Je venais d'entrer dans un autre monde. Devant moi, un mur végétal. Basses futaies infranchissables. Par-dessus, des arbres. A ma droite, une longue allée. Elle s'éloignait vers une clairière où des pins mêlés à des chênes s'inclinaient les uns vers les autres. Sous leurs denses ramures filtrait une faible lumière qui se colorait aux feuillages. Elle ne tombait pas, elle flottait, et à travers sa lueur vaporeuse, on apercevait un mur orné d'un fronton où s'adossait une grande fontaine. C'était du parc le coin le plus reculé, le plus solitaire.

Je me dirigeai vers la fontaine. A mesure que j'en approchais, je voyais se serrer au-dessus de ma tête la voûte des feuillages. C'était un enchevêtrement dans les hauteurs de rameaux diversement sombres selon la nature des arbres.

A chaque pas le silence devenait plus grave, l'ombre, plus mystérieuse. Quand enfin j'atteignis le bout de cette allée, je découvris l'eau, et j'eus peur... Très peur.

Henri BOSCO, *Le Jardin des Trinitaires*, *Souvenirs III*, Gallimard.

1. S'agit-il d'un texte narratif □, descriptif □ ou mixte □ ? (Coche la bonne réponse.)
2. Combien de parties contient ce texte ? ......
3. Sont-ce des connecteurs spatiaux ou des connecteurs temporels qui permettent de délimiter ces parties ?

....

Corrigé des exercices page 235

75 ANALYSER LE CARACTÈRE D'UN PERSONNAGE

JE RETIENS

▪ Si tu dois analyser le caractère d'un personnage, précise les sentiments que celui-ci éprouve dans des circonstances données et que révèlent :
– ses gestes, ses attitudes, exprimés principalement à l'aide de **verbes d'action** ;
– ses réactions physiques ou psychologiques, exprimées principalement à l'aide d'**adjectifs qualificatifs**, de **verbes de sentiment**, d'adverbes ou de noms communs ;
– ses révélations (paroles ou pensées), exprimées principalement au **discours direct** ou **indirect** (voir fiche 64, page 171).

▪ L'ensemble de ces indices constitue un **champ lexical** ou un réseau de champs lexicaux (voir fiche 68, page 179) rattachés chacun à l'expression d'un sentiment particulier (la peur, la joie, l'étonnement, la colère, etc.).

▪ Remarques :
– Le portrait moral d'un personnage est très souvent associé dans un texte à son portrait physique.
– Les sentiments d'un personnage peuvent évoluer, dans un même texte.

JE VÉRIFIE

	vrai	faux
1. Les réactions physiques d'un personnage peuvent révéler ses traits de caractère dominants.	☐	☐
2. Il est important d'étudier les champs lexicaux développés dans un texte pour analyser le caractère d'un personnage.	☐	☐

1. vrai – 2. vrai ; à condition qu'ils se rapportent à l'expression des sentiments du personnage.

■ Lis le texte et réponds aux questions.

Papa

Il rit tout le temps, papa. Il s'arrête pile en pleine rue pour rire aux bêtises qu'il raconte. Il se plante sur deux cuisses, les poings enfoncés à deux bras dans les poches de sa veste. Il renverse la tête en arrière et il lance à pleines mâchoires son rire au ciel. Les gens s'arrêtent. Ils rient aussi. Pas moyen de s'en empêcher. Il tire son mouchoir violet à carreaux, grand comme un drap. Il le roule en gros tampon, puis il l'étale sur sa figure. Il s'empoigne le nez à travers le mouchoir. Il se mouche. Pouêt ! Les oiseaux s'envolent. C'est la panique. Le voilà reparti. Vingt mètres plus loin, ça recommence.

CAVANNA, *Les Ritals*, LGF.

1. Relève les verbes caractérisant le comportement du papa en question.

....

....

....

2. Parmi les traits de caractère suivants, souligne ceux qui correspondent au personnage : honnête, fragile, gai, dépravé, affable, sans gêne, exubérant, ridicule, comique, équitable.

Corrigé des exercices page 235

76 CONSTRUIRE UN RÉCIT

JE RETIENS

▌ Construire un récit, c'est construire un texte qui **raconte une histoire** appartenant à un genre défini par le sujet donné (récit réaliste, fantastique, policier, etc.) et dépendant ou non d'un texte de référence.

▌ Retiens qu'un récit repose sur la structure suivante :
– une **situation initiale** : une situation d'équilibre (première étape de l'introduction) est modifiée par un événement suggéré par le sujet lui-même (seconde étape de l'introduction) ;
– une **série de transformations :** le récit progresse ensuite à partir d'événements successifs, hiérarchisés dans le temps par des relations de cause à effet, et suffisamment importants pour constituer chacun une **étape du récit ;**
– une **situation finale :** une situation nouvelle (première étape de la conclusion) s'ouvre à des horizons divers (seconde étape de la conclusion).

▌ Remarque : Il ne faut pas faire d'introduction s'il s'agit d'une suite de texte, ni de conclusion s'il s'agit d'une scène antérieure au texte de référence.

JE VÉRIFIE

	vrai	faux
1. Le développement d'un récit repose sur la succession d'événements hiérarchisés dans le temps.	☐	☐
2. Un récit comprend toujours une introduction, sauf dans une suite de texte.	☐	☐

1. vrai – 2. vrai.

1 **Place correctement dans le texte les connecteurs temporels suivants : *alors seulement, d'abord, dès le premier jour, alors, puis.***

(En 1911, Pierre-Édouard Vialhe quitte la petite ferme paternelle de Saint-Libéral dans le Sud-Ouest. Traversant le pays, il s'engage comme ouvrier agricole dans un grand domaine du Nord.)

........................, Pierre-Édouard avait été de stupéfaction en stupéfaction. ...., cette table gigantesque, autour de laquelle, à sept heures moins cinq, se groupèrent les vingt-deux hommes travaillant sur la ferme. Ils attendirent debout que le maître et la maîtresse prennent place, chacun à un des bouts de la table.

.............................., ils s'assirent.

D'un geste, son voisin lui fit signe de se caser entre un gringalet qui puait le crottin et un vieux, tout sec et racorni et dont la main tremblait...

En bout de table, le maître découpa de larges tranches de pain dans une miche grise et fit circuler les portions. .... arriva une souillon qui déposa devant la patronne le chaudron plein de potée, mélange de lard, de choux, de patates et de pain. ...., tout comme le maître avait réparti le pain, la maîtresse distribua la soupe.

Claude MICHELET, *Des Grives aux loups*, R. Laffont, 1979.

2 **Reconstitue ce début de récit en écrivant un numéro d'ordre en face de chacun de ses paragraphes.**

– (...) Alors, ce fut dans toutes les paillotes un grand remue-ménage.

– (...) Ce soir-là, une belle lune ronde s'était levée au-dessus de la forêt, et l'on aurait pu ramasser à sa clarté une pièce de monnaie tombée à terre.

– (...) Les femmes se hâtaient d'éteindre les foyers allumés pour la cuisine et de ranger leurs ustensiles sur les étagères de bambou, en criant après les enfants qui n'en finissaient plus de racler du doigt les calebasses.

– (...) Soudain retentirent allègrement les coups précipités du tambour au son grêle.

J. et J. THARAUD, *La Randonnée de Samba Diouf.*

Corrigé des exercices page 235

77 IMAGINER UNE SUITE À UN RÉCIT

JE RETIENS

▊ S'il te faut rédiger la suite d'un récit, **interroge le texte de référence** de la manière suivante :
– de quel type de texte s'agit-il (narratif, descriptif...) ?
– qui raconte et que raconte-t-on ?
– qui voit, et que voit-on ?
– quelle fonction remplit chaque personnage (adjuvant, opposant, etc.) ?
– à quel(s) temps sont utilisés les verbes ?
– quel est le ton du texte (humoristique, tragique, etc.) ?
– quel registre de langue est utilisé (soutenu, courant ou familier) ?
La suite d'un récit doit en effet prendre en compte toutes ces données.

▊ Il faut ensuite établir le plan du texte à construire en considérant que la situation finale du texte de référence en constitue le point de départ (la **situation initiale**) : c'est d'ailleurs pour cette raison qu'il n'est pas nécessaire de faire une introduction pour une suite de texte.

▊ Remarques :
– Il faut imaginer une suite immédiate du texte, sauf indication contraire.
– La même démarche est employée s'il s'agit d'imaginer une **scène antérieure** au texte de référence, celui-ci en constituant alors la conclusion (la **situation finale**).

JE VÉRIFIE

	vrai	faux
1. Une suite de récit doit respecter le ton utilisé dans le texte de référence.	☐	☐
2. Dans le cadre d'une suite de récit, le texte de référence constitue la situation initiale.	☐	☐

1. vrai – 2. vrai.

▌ Lis attentivement ce texte et réponds à la question.

Cette bienheureuse maison possédait trois chats, et, comme tant d'autres maisons, il s'y trouvait aussi un grand-père, vieil homme presque octogénaire mais solide encore.

Grand-père aimait beaucoup ses chats, ses chats l'aimaient aussi beaucoup ; et ils le lui prouvaient chaque soir, à l'heure de son retour de la promenade, en allant au-devant de lui jusqu'au coin de la prochaine rue, tous de front, leurs trois queues en l'air. Là, des ronrons récompensés par des caresses. Puis les chats se remettaient en marche, et, tous de front, leurs trois queues en l'air, précédaient grand-père jusqu'à la porte.

Par malheur, au commencement de l'hiver, grand-père tomba malade.

Paul ARÈNE, Contes choisis, Éd. Fasquelle.

Il dut garder la chambre et ses trois amis ne le revirent plus.

Chaque soir, ils attendaient grand-père, mais, comme il ne venait pas, ils s'en retournaient l'air désolé.

Or, un beau soir passa un vagabond qui n'était pas sans ressembler à grand-père. Les chats, le voyant venir, allèrent à sa rencontre en ronronnant. L'homme en fut très étonné. Puis les chats se mirent à marcher devant lui. Il les suivit et parvint ainsi à la maison de grand-père qui l'invita à partager son repas. Le malheureux, ravi, n'en revenait pas d'être si bien accueilli.

La suite de texte de Paul Arène proposée ci-dessus convient-elle pour l'extrait ? Si oui, explique pourquoi. ....
....
....
....

78 RÉÉCRIRE UN RÉCIT SELON UN AUTRE POINT DE VUE

JE RETIENS

▮ La perception et la compréhension que nous avons d'un récit dépendent du regard de celui qui le raconte (le **point de vue narratif**).

▮ Réécrire un récit selon un autre point de vue que celui que l'auteur a choisi impose que les événements soient racontés et perçus **conformément à l'identité et à la personnalité** du nouveau narrateur, souvent un autre personnage du texte. Cela suppose :
– de préciser son caractère en tenant compte des termes, contenus dans le texte de référence, qui traduisent ses gestes, ses attitudes, ses réactions physiques et psychologiques, ses paroles, ses pensées ;
– de repérer quel type de rapport il a avec les autres personnages (rapports de sympathie, d'antipathie, d'indifférence) et pourquoi ;
– de dresser la liste des faits dont il a pu avoir connaissance ou auxquels il a pu avoir assisté ou participé.
Ce relevé permet **l'élaboration du plan** du nouveau récit.

▮ Remarque : Le texte ainsi réécrit doit respecter les temps du texte de référence (si celui-ci est écrit au passé, par exemple, il faut utiliser le passé).

JE VÉRIFIE

	vrai	faux
1. Changer de point de vue, c'est raconter les mêmes événements d'après un autre personnage que celui choisi par l'auteur.	☐	☐
2. Tous les événements racontés dans le texte de référence doivent être repris dans le texte réécrit.	☐	☐

1. vrai – 2. faux ; le nouveau point de vue adopté peut ne pas connaître certains d'entre eux.

▌Lis le texte qui suit.

Une découverte inquiétante

Le matin du 16 avril, le docteur Bernard Rieux sortit de son cabinet et buta sur un rat mort, au milieu du palier. Sur le moment, il écarta la bête sans y prendre garde et descendit l'escalier. Mais, arrivé dans la rue, la pensée lui vint que ce rat n'était pas à sa place et il retourna sur ses pas pour avertir le concierge. Devant la réaction du vieux M. Michel, il sentit mieux ce que sa découverte avait d'insolite. La présence de ce rat mort lui avait seulement semblé bizarre tandis que, pour le concierge, elle constituait un scandale. La position de ce dernier était d'ailleurs catégorique. Il n'y avait pas de rat dans la maison. Le docteur eut beau lui assurer qu'il y en avait un sur le palier du premier étage, et probablement mort, la conviction de M. Michel restait entière. Il n'y avait pas de rat dans la maison... Il s'agissait d'une farce.

Albert CAMUS, La Peste, Gallimard.

Si cette scène était réécrite selon le point de vue de M. Michel, faudrait-il conserver :

1. *Le matin du 16 avril* ? oui ☐ non ☐
2. *il écarta la bête sans y prendre garde* ? oui ☐ non ☐
3. *La présence de ce rat mort [...] constituait un scandale* ? oui ☐ non ☐
4. *Il n'y avait pas de rat dans la maison* ? oui ☐ non ☐
5. *Il s'agissait d'une farce* ? oui ☐ non ☐

Corrigé des exercices page 235

79 FAIRE UNE DESCRIPTION

JE RETIENS

■ Décrire, c'est faire voir, c'est montrer ce que l'on voit. Toute description suppose :
– une **organisation de l'espace** en secteurs différents, selon des repères (ou connecteurs spatiaux) de profondeur : *au-delà, derrière, plus en avant, au loin, au premier plan...* ; de latéralité : *à droite, à gauche, de part et d'autre, tout à côté...* ; de verticalité : *au-dessus de, là-dessous, tout en haut...* ;
– une **caractérisation pittoresque** de ce qui est décrit, dépendant de l'impression générale que l'on veut créer, grâce à l'emploi privilégié d'adjectifs qualificatifs, d'expansions du groupe nominal, d'images suggestives, de verbes de perception (*voir, entendre, sentir,* etc.).

■ La description dépend du **point de vue** adopté : il s'agit donc de savoir qui voit et depuis quel endroit. L'observateur peut être mobile ou immobile, peut exprimer ses réactions personnelles (description subjective) ou pas (description objective).

■ Le temps privilégié de la description dans le passé est l'**imparfait de l'indicatif.**

JE VÉRIFIE

	vrai	faux
1. Une description est organisée par des indices de temps.	☐	☐
2. Définir un point de vue, c'est préciser qui voit.	☐	☐
3. Une description dans le passé est forcément rédigée à l'imparfait de l'indicatif.	☐	☐

1. faux ; elle est organisée par des indices de lieu. – 2. vrai – 3. faux ; on peut bien sûr trouver d'autres temps dans un texte descriptif dans le passé.

∎ Lis ce texte et réponds aux questions.

Du sommet du château d'eau, ils voyaient la ferme tout entière, enserrant sur ses quatre côtés la grande cour pavée, avec ses deux portails en ogive, la basse-cour, la porcherie, le potager, le verger, la route bordée de platanes qui menait à la Nationale, et, tout autour, à l'infini, les grandes stries jaunes des champs de blé, les futaies, les taillis, les pacages, les traces noires, rectilignes, des routes, sur lesquelles, parfois, filait le scintillement d'une voiture, et la ligne sinueuse des peupliers longeant une rivière encaissée, presque invisible, se perdant à l'horizon vers des collines brumeuses.

Georges PEREC, Les Choses, Julliard.

1. Où se trouvent les personnages qui observent le décor ?

....

2. Sur quel élément du décor porte la description tout d'abord ?

....

3. Sur quoi porte-t-elle ensuite ?

....

4. Sur quel autre élément du décor porte-t-elle enfin ?

....

5. Quels sont les trois indices de lieu qui organisent cette description ?

....

....

Corrigé des exercices pages 235-236

80 FAIRE UN PORTRAIT

JE RETIENS

▌ Il existe deux sortes de portraits :

• le **portrait en pied** : le personnage décrit est statique, comme sur une photographie ; il est possible alors de décrire :

– dans un premier temps, son aspect général (allure, stature, proportions, etc.) ;

– dans un second temps, son visage, c'est-à-dire la partie la plus expressive du corps humain (la forme générale, la mine, les traits, etc.) ;

• le **portrait en action**, inséré dans un récit : le personnage décrit agit, il est mis en scène ; il est alors possible de détailler :

– son aspect général et son visage, mais par touches successives et éparses dans le texte ;

– le décor (cadre de l'action, objets et accessoires caractéristiques, etc.) ;

– ses gestes, ses actions, ses pensées, ses paroles.

▌ Le portrait doit être pittoresque et **orienté en fonction d'une impression** que l'on veut créer, ceci grâce à l'emploi privilégié :

– d'adjectifs qualificatifs ;

– de champs lexicaux spécifiques ;

– d'images suggestives (comparaisons et métaphores) ;

– de verbes d'action.

JE VÉRIFIE

	vrai	faux
1. Le portrait en pied décrit un personnage statique.	☐	☐
2. Le portrait en action est inséré dans un récit.	☐	☐

3. Le caractère du personnage décrit est uniquement révélé par ses traits physiques.

1 **Indique s'il s'agit d'un portrait en pied ou d'un portrait en action.**

Père entra... Il vint jusque dans la salle à manger. Il tenait une lettre... et nous regardait avec un sourire en même temps affectueux et ironique. Il n'avait pas quitté son pardessus qui portait un col de fourrure... Avec ses longues moustaches blondes, presque rousses, ses yeux bleus, sa belle prestance, il ressemblait à Clovis, au Clovis de mon livre. Il était beau. Nous l'admirions.

Georges DUHAMEL, *Le Notaire du Havre.*

Réponse : ....

2 **Lis ce texte attentivement et réponds aux questions.**

De la corpulence sans véritable obésité. La poitrine large. Un ample visage aux lignes simples, dessinées d'un seul trait. Le teint coloré. La barbe et les cheveux drus. Des yeux qui ne frappaient ni par leur couleur, ni par leur éclat : mais par leur éveil qui était incomparable ; de ces yeux à la surface desquels le regard ne cesse d'aller et de venir, toujours prêt à bondir comme d'un tremplin. Des dents saines. Une voix abondante et dorée.

Il portait une petite jaquette courte de cheviotte noire, boutonnée sur un gilet fantaisie dont on voyait à peine le bord. Son pantalon rayé avait perdu le pli et faisait des bosses aux genoux. Sa cravate, qui avait un peu tourné, découvrait le bouton de col. Il parlait la tête renversée, et légèrement inclinée à gauche, comme si, tout en parlant, il écoutait on ne sait quel bruit venant de la terre ou de son cœur.

Jules ROMAINS, *Les Hommes de bonne volonté.*

1. Écris les mots que l'auteur utilise pour caractériser :
a. la stature du personnage : ....
b. la voix du personnage : ....
2. Quels éléments du visage sont évoqués ?
....
3. Quels accessoires sont également évoqués ?
....
4. Recopie les comparaisons que contient ce portrait :
....
....

Corrigé des exercices page 236

81 INVENTER UN DIALOGUE

JE RETIENS

▌ Le dialogue est une situation de communication où quelqu'un parle (l'**émetteur**) et quelqu'un écoute (le **récepteur**) à tour de rôle ; les paroles échangées sont toujours rapportées au **discours direct** (voir fiche 64, page 171).

▌ Pour construire un dialogue, il te faut :
• savoir d'où l'on part (**situation initiale**, souvent fournie par le texte de référence), où l'on veut conduire ses personnages (**situation finale**) et par quels chemins (**étapes du développement**) ;
• préciser principalement pour chacun des **personnages** :
– son rôle (sujet, objet, adjuvant, opposant) ;
– ses traits de caractère dominants ;
– son identité (âge, sexe, milieu social, etc.) dont dépendra le registre de langue ;
• maîtriser **la technique** de ce type de texte :
– des guillemets marquent le début et la fin d'un dialogue ;
– un tiret marque le changement d'interlocuteur ;
– une proposition incise, construite à partir d'un verbe de déclaration, indique l'identité de celui qui parle et, occasionnellement, une attitude, un geste, une réaction physique révélateurs de son caractère ;
– une interruption, une reprise de mot(s) ou d'expression(s), une question permettent, entre autres procédés, l'enchaînement des répliques.

JE VÉRIFIE

	vrai	faux
1. Dans un dialogue est privilégié l'emploi du discours indirect.	☐	☐
2. On utilise des guillemets pour marquer le début et la fin d'un dialogue.	☐	☐

1. faux ; c'est au contraire l'emploi du discours direct qui est privilégié. – 2. vrai.

1 Inscris dans les parenthèses les marques du dialogue qui font défaut et les propositions incises suivantes : *s'écria Amélie* ; *grogna-t-il* ; *soupira Élisabeth.*

Le docteur Brouchotte accueillit ses clientes avec une jovialité professionnelle, offrit un siège à Amélie et attira Élisabeth près de la fenêtre pour examiner sa pelade. (...) Parfait, parfait ! (.........................) en caressant les cheveux de l'enfant. De ce côté-là, tout va bien. Mais, entre nous soit dit, tu n'as pas très bonne mine. Tu manges avec appétit ?
(...) Oui, docteur, marmonna Élisabeth.
(...) Ne dis pas ça, Élisabeth ! (....). C'est tout une histoire pour lui faire avaler quelque chose. Vous avez recommandé de la viande hachée, mais, une fois sur deux, elle s'arrange pour la bouillir avant le repas !
(...) J'aime pas la viande crue (...), (....).
Le docteur Brouchotte la menaça du doigt : (...) Tu devrais manger davantage. Tu crois que c'est joli d'être maigre comme un chat de gouttière. J'ai connu une fillette comme ça, qui ne voulait pas se nourrir : dès qu'il y avait un coup de vent, elle tombait par terre ! (...)
Élisabeth arrondit les yeux : c'était peut-être vrai.

Henri TROYAT, La Grive.

2 Reconstitue le dialogue suivant en inscrivant un numéro d'ordre en face de chaque partie.

(...) Camille sécha promptement ses larmes, mais elle ne put cacher la rougeur de ses yeux et le gonflement de son visage.
(...) – Camille! Camille! où es-tu donc ? Nous te cherchons depuis un quart d'heure.
(...) – Camille, ma chère Camille, pourquoi pleures-tu ? lui demanda Marguerite avec inquiétude.
(...) Elle sanglotait depuis quelques instants, lorsqu'elle s'entendit appeler par Madeleine, Sophie et Marguerite.
(...) – Je ne pleure pas... seulement... j'ai... j'ai... du chagrin.

Comtesse de SÉGUR, Les Petites Filles modèles.

Corrigé des exercices page 236

82 COMPRENDRE UN SUJET DE RÉFLEXION

JE RETIENS

■ Traiter un sujet de réflexion, c'est produire un **texte argumentatif** dans lequel est menée, à partir d'un thème précis, une analyse organisée, débouchant sur une prise de position personnelle la plus convaincante possible.

■ Il existe différentes sortes de sujets de réflexion ; le libellé du sujet peut en effet demander de :
– se prononcer sur un thème de réflexion bien défini ;
Ex. : *Aimez-vous la civilisation technologique ?*
Quels sont selon vous les aspects positifs et les aspects négatifs de l'ambition ?
– mener une réflexion personnelle sur l'un des thèmes développés dans le texte de référence ;
Ex. : *Imaginez, à partir d'un thème fourni par le texte, un développement de votre choix.*
– définir les émotions que la situation ou bien un personnage évoqués dans le texte de référence ont pu susciter en vous.
Ex. : *Présentez, en les ordonnant, les impressions que le texte produit sur vous.*
Dans un développement composé, vous essaierez d'analyser le comportement de tel ou tel personnage du texte.

JE VÉRIFIE

	vrai	faux
1. Un sujet de réflexion propose toujours de se prononcer pour ou contre une opinion.	☐	☐
2. Quand un sujet de réflexion porte sur un thème évoqué dans le texte de référence, il ne faut pas faire d'introduction.	☐	☐

1. faux ; il peut aussi proposer d'analyser une situation, un comportement, etc. – 2. faux ; tout sujet de réflexion doit comporter une introduction, un développement et une conclusion.

1 **Inscris I s'il s'agit d'un sujet d'imagination, R s'il s'agit d'un sujet de réflexion.**

1. La vie des enfants livrés à eux-mêmes vous tente-t-elle ? Vous en dégagerez les inconvénients et les avantages. (...)

2. Il vous est probablement déjà arrivé d'avoir à composer une rédaction dont le sujet vous paraissait embarrassant ou difficile à traiter. Racontez sur le mode humoristique comment s'est passée la recherche de vos idées. (...)

3. Maurice ou Solange raconte par écrit son séjour à Majorque, ses découvertes, ses impressions, ses sentiments. (...)

4. Dans de nombreux pays, la population souffre de malnutrition. Pensez-vous que les organisations humanitaires puissent leur apporter l'aide nécessaire ? (...)

5. De nombreuses manifestations sont organisées dans les villes, les villages, les quartiers, etc. Selon vous, présentent-elles un intérêt ? Parmi les distractions proposées, quelles sont celles que vous préférez ? Pourquoi ? (...)

2 **Coche les sujets de réflexion qui présentent un thème bien défini sur lequel il s'agit de se prononcer.**

1. Que représentent les parents, selon vous ? Vous développerez une argumentation en vous appuyant sur des exemples vécus. ☐

2. Le handicap de la fillette a été transformé en occasion de rêve et de jeu. Est-ce un remède satisfaisant, selon vous, pour surmonter ses difficultés ? ☐

3. La prison vous semble-t-elle le meilleur moyen pour protéger la société des criminels ? Quelles autres solutions pouvez-vous proposer ? ☐

4. Quelles réflexions vous inspire ce texte ? Vous les présenterez dans un ordre logique. ☐

5. Quelle réaction vous inspire l'épisode du chien trouvé ? Après avoir dit ce que vous pensez de l'abandon de l'animal par ses maîtres, vous examinerez successivement l'attitude du chien et celle de Paul Léautaud. ☐

Corrigé des exercices page 236

83 CONSTRUIRE UN PLAN DIALECTIQUE

JE RETIENS

▌ Le développement d'un sujet de réflexion repose souvent sur un **plan dialectique** (ou antithétique). Il s'agit de peser le pour et le contre, de préciser les avantages et les inconvénients, comme le suggère régulièrement le libellé du sujet.

Ex. : *Beaucoup de gens risquent parfois leur vie pour satisfaire une passion. Peut-on les comprendre ou bien, au contraire, doit-on les désapprouver ?*

▌ Le plan dialectique suppose donc un développement contenant **deux paragraphes** équilibrés (quinze lignes chacun environ) :
– l'un traite des avantages, des aspects positifs de la question abordée par le sujet ;

Ex. : *On peut comprendre que certaines personnes risquent régulièrement leur vie pour satisfaire une passion.*

– l'autre traite des inconvénients, des aspects négatifs de la même question.

Ex. : *Cependant, risquer ainsi sa vie est condamnable pour plusieurs raisons.*

▌ Le second paragraphe est rattaché au premier par un paragraphe de transition ou par un **connecteur logique** exprimant l'opposition : *mais, toutefois, néanmoins, cependant,* etc.

▌ Il convient de terminer le développement par le paragraphe qui se rapproche le plus de l'avis personnel, celui-ci étant livré dans la conclusion.

JE VÉRIFIE

	vrai	faux
1. Le plan dialectique présente d'abord les avantages puis les inconvénients de la question abordée par le sujet.	☐	☐
2. « En outre » est un correcteur logique qui peut servir, dans un plan dialectique, à rattacher le second paragraphe au premier.	☐	☐

1. faux ; on peut commencer aussi bien par par les avantages que par les inconvénients.
– 2. faux ; ce n'est pas un terme qui exprime l'opposition mais l'accumulation.

1 Voici une série d'arguments relatifs au sujet donné sur la page précédente : pour chacun d'eux, inscris A (avantage) ou I (inconvénient).

1. Prendre des risques permet de se dépasser. (...)
2. La vie est trop précieuse pour qu'on la perde stupidement. (...)
3. Les gens qui risquent ainsi leur vie donnent le mauvais exemple. (...)
4. Satisfaire une passion en risquant sa vie procure des sensations uniques. (...)
5. C'est faire preuve d'égoïsme que de risquer sa vie de cette façon. (...)
6. On savoure d'autant plus la vie qu'on risque de la perdre. (...)

2 Voici une série d'arguments non classés relatifs à deux sujets de réflexion différents, l'un portant sur l'école, l'autre sur la télévision. Pour chacun de ces arguments, inscris A (avantage) ou I (inconvénient), puis 1 (sujet sur l'école) ou 2 (sujet sur la télévision).

1. L'école n'est pas l'unique dépositaire du savoir. (......)
2. La télévision ruine la vie familiale. (......)
3. Le petit écran permet la vulgarisation des connaissances. (......)
4. L'école ne prépare pas à la vie. (......)
5. La télévision favorise la passivité. (......)
6. La vie scolaire enrichit les relations. (......)
7. Des émissions récréatives permettent de se détendre. (......)
8. La télévision abêtit. (......)
9. L'école favorise l'épanouissement intellectuel. (......)
10. Les programmes scolaires sont inadaptés. (......)

Corrigé des exercices page 236

84 CONSTRUIRE UN PLAN THÉMATIQUE

JE RETIENS

■ Le développement d'un sujet de réflexion peut reposer sur un **plan thématique**. Il s'agit d'associer le thème principal (le sujet lui-même) à un thème secondaire suffisamment riche pour être traité dans un paragraphe. Le développement contient au moins deux paragraphes.

Ex. : *Selon vous, quel rôle la lecture joue-t-elle dans la vie contemporaine ?*
1er paragraphe : *Lecture et loisirs* ; 2e paragraphe : *Lecture et communication* ; 3e paragraphe : *Lecture et formation intellectuelle*.

■ Le plan thématique permet d'envisager la question abordée par le sujet :
– soit sous la forme d'un **plaidoyer ;**
1er paragraphe : *D'abord, la lecture constitue un loisir irremplaçable ;*
2e paragraphe : *De plus, la lecture permet de communiquer avec autrui* ;
3e paragraphe : *La lecture, enfin, favorise la formation intellectuelle.*
– soit sous la forme d'un **réquisitoire**.
1er paragraphe : *De nos jours, la lecture est tout d'abord une occupation largement concurrencée par d'autres formes de loisirs* ; 2e paragraphe : *De plus, lire, c'est rompre toute communication avec autrui* ; 3e paragraphe : *La lecture, enfin, ne joue qu'un rôle réduit dans la formation intellectuelle de l'individu.*

■ Les paragraphes constituant le développement d'un plan thématique doivent être reliés par un paragraphe de transition ou par des **connecteurs logiques** exprimant l'accumulation : *d'abord, de plus, par ailleurs, en outre*, etc.

JE VÉRIFIE

	vrai	faux
1. Le développement d'un plan thématique doit reposer sur deux paragraphes seulement.	☐	☐
2. Pour relier les paragraphes d'un plan thématique, on peut utiliser des connecteurs logiques exprimant l'accumulation.	☐	☐

1. faux ; il peut en contenir davantage. – 2. vrai.

1 Coche les thèmes qui pourraient être utilisés pour traiter le sujet suivant : « Comment expliquer la passion qu'ont les jeunes pour la musique ? »

1. Musique et loisirs. ☐ – 2. Musique et amitié. ☐ – 3. Musique et jardinage. ☐ – 4. Musique et évasion. ☐ – 5. Musique et course automobile. ☐ – 6. Musique et politique. ☐

2 Le plan thématique qui suit, à valeur de réquisitoire contre le machinisme, présente deux erreurs. Souligne-les.

1er paragraphe : De plus, la machine génère du chômage.
2e paragraphe : La machine, par ailleurs, réduit les coûts de production.
3e paragraphe : Enfin, la machine déshumanise les relations sociales.

3 Dis quel thème chacune des opinions suivantes développe à propos d'un sujet de réflexion portant sur l'informatique.

1. L'informatique risque de porter atteinte aux libertés individuelles.
(...)
2. L'informatique supprime des emplois, aggravant par là le chômage.
(...)
3. L'informatique risque de déshumaniser la communication.
(...)
4. L'informatique creuse l'écart économique qui sépare les pays industrialisés des pays en voie de développement. (...)

Ce plan thématique aborde-t-il le sujet sous la forme d'un plaidoyer ou sous la forme d'un réquisitoire ? (...)

Corrigé des exercices page 236

85 CONSTRUIRE UN PARAGRAPHE ARGUMENTATIF

JE RETIENS

▌ N'oublie pas que le développement d'un sujet de réflexion est composé de paragraphes **argumentatifs**. Chacun d'eux présente une opinion accompagnée d'arguments.

▌ Un paragraphe argumentatif contient, dans cet ordre :
– une **phrase introductive**, courte, annonçant l'opinion ;
Exemple à propos du fanatisme : *Le fanatisme doit être combattu.*
– au moins deux **arguments** prouvant que l'opinion annoncée est juste ; ces arguments sont hiérarchisés à l'aide de connecteurs logiques (*d'abord, ensuite, enfin,* etc.) et sont souvent développés au moyen d'exemples ;
Ex. : *Tout d'abord, le fanatisme prône l'intolérance* (+ justification) ;
    Ensuite, il use de violence (+ justification) ;
    Enfin, il nie l'individu en tant qu'être humain (+ justification).
– une **phrase conclusive**, rappelant l'opinion émise et introduite par un connecteur logique exprimant la conséquence : *ainsi, donc, par conséquent, etc.*
Ex. : *C'est pourquoi il importe de lutter contre le fanatisme.*

▌ Remarque : Il te faut ne pas confondre une **opinion**, toujours discutable, et un **fait**, qui correspond à un événement réel indiscutable, situé dans le temps et dans l'espace et pouvant servir d'exemple.

JE VÉRIFIE

	vrai	faux
1. Une opinion est une vérité indiscutable.	☐	☐
2. Un paragraphe argumentatif défend une opinion à l'aide d'arguments.	☐	☐

1. faux ; à la différence d'un fait, une opinion peut toujours être discutée. – 2. vrai.

1 **Pour chacun des énoncés, inscris O s'il s'agit d'une opinion, F s'il s'agit d'un fait.**

1. Le général de Gaulle est mort en 1970. (...)

2. Le progrès scientifique rend l'homme heureux. (...)

3. La vie moderne ne facilite pas la communication. (...)

4. André Malraux reçut le prix Goncourt pour *La Condition humaine*. (...)

2 **Trois arguments parmi tous ceux qui suivent peuvent servir à prouver l'opinion suivante : « La présence d'un chien rend la vie de famille plus agréable. » Coche-les.**

1. Il permet aux personnes seules de lutter contre la solitude. □ – 2. Il amuse par ses facéties. □ – 3. Il permet de déjouer les actes terroristes. □ – 4. Il aide à trouver des survivants lors de catastrophes naturelles. □ – 5. Il se révèle un excellent compagnon de jeu. □ – 6. Il sécurise parents et enfants. □

3 **Reconstitue le paragraphe argumentatif suivant en donnant à chaque phrase un numéro d'ordre.**

– (1) Le sport est corrompu.

– (...) Ainsi, on est en droit d'affirmer que la corruption est omniprésente dans le sport.

– (...) Par ailleurs, le dopage ternit l'image du sport.

– (...) La politique, tout d'abord, y intervient trop souvent.

– (...) Enfin, l'argent pervertit l'univers sportif.

– (...) Certains journaux spécialisés ont publié, par exemple, qu'Alain Prost a entamé une nouvelle saison en Formule 1 en 1992 plus pour empocher les quelque vingt milliards de centimes que lui offrait Mac Laren que pour satisfaire sa passion pour la course automobile.

– (...) Des sommes astronomiques sont parfois proposées, qui remettent en cause les motivations réelles.

– (...) De nombreux athlètes n'hésitent pas en effet à utiliser des anabolisants afin d'améliorer leurs performances. Une telle attitude fausse les résultats et dénature l'esprit même de compétition.

– (...) On ne compte plus les régimes qui se servent du sport pour promouvoir leur image de marque.

Corrigé des exercices page 236

86 ILLUSTRER UN ARGUMENT PAR UN EXEMPLE

JE RETIENS

■ Afin de **prouver la justesse d'un argument** et d'augmenter sa force de persuasion, il est recommandé de l'illustrer d'un ou de plusieurs exemples.

■ Un exemple est un **fait** (éventuellement emprunté à l'expérience personnelle), c'est-à-dire un élément du réel qu'on peut situer dans l'espace (indication de lieu) et/ou dans le temps (indication de temps).

Ex. : *Une bombe a explosé à Paris, à la station Saint-Michel du RER, le 25 juillet 1995, à 17 h 30, heure de grande affluence, faisant de nombreuses victimes :* exemple pouvant servir à illustrer l'argument « La violence aveugle fait partie de notre quotidien ».

■ Un exemple est d'autant plus convaincant qu'il est **notoire** (connu ou censé être connu du plus grand nombre).

■ Il n'est pas nécessaire d'illustrer chaque argument à l'aide d'un exemple : un seul, bien adapté et bien développé, suffit pour chaque paragraphe argumentatif. C'est généralement le dernier argument qu'on illustre d'un exemple : il est perçu en effet comme le plus important dans le paragraphe.

JE VÉRIFIE

	vrai	faux
1. Un exemple est un fait dont l'existence est indiscutable.	☐	☐
2. Chaque argument doit être illustré à l'aide d'un exemple.	☐	☐
3. Dans un paragraphe argumentatif, l'argument précède l'exemple.	☐	☐

1. vrai – 2. faux ; ce n'est pas une obligation. – 3. vrai.

1 **Coche les phrases qui pourraient avoir valeur d'exemple.**

☐ 1. L'abbé Pierre a fondé Emmaüs en 1954.

☐ 2. La télévision ruine les relations familiales.

☐ 3. Guillaume Apollinaire a participé à la Première Guerre mondiale.

☐ 4. La chirurgie esthétique améliore la vie quotidienne.

☐ 5. Le président John Fitzgerald Kennedy fut assassiné en 1963.

☐ 6. Le football est un sport dangereux.

☐ 7. Les *Confessions* de Jean-Jacques Rousseau contiennent de nombreux souvenirs de jeunesse de l'auteur.

☐ 8. Le vendredi 13 porte chance.

☐ 9. Jeanne Calment a fêté son 121ᵉ anniversaire le 21 février 1995.

☐ 10. Dans *Le Cid* de Corneille, Chimène continue d'aimer Rodrigue qui a pourtant tué son père en duel.

☐ 11. On a marché sur la Lune en juillet 1969.

☐ 12. La lecture d'un roman d'aventures est toujours passionnante.

2 **Associe chaque exemple à l'argument qu'il illustre.**

1. Le cyclisme peut être un sport dangereux.

2. La célébrité ne rend pas heureux.

3. Les progrès de la médecine permettent de sauver des vies humaines.

4. Posséder un animal domestique est courant.

5. Les progrès technologiques rapprochent les nations.

6. Les jeux de hasard peuvent rapporter gros.

a. Le tunnel sous la Manche a été inauguré le 6 mai 1994.

b. En 1885, Pasteur découvre le vaccin contre la rage.

c. Le chanteur Mike Brant s'est suicidé en.1975.

d. Fabio Casartelli est mort le 18 juillet 1995 pendant une étape du Tour de France.

e. Un habitant d'Hazebrouck a gagné 69 millions de francs au loto.

1 (...) – 2 (...) – 3 (...) – 4 (...) – 5 (...) – 6 (...).

Aide : *Attention ! Un argument n'est pas illustré.*

Corrigé des exercices page 236

87 INTRODUIRE UN SUJET DE RÉFLEXION

JE RETIENS

▪ Sache que l'introduction d'un sujet de réflexion contient trois étapes :
– la première, la plus longue, constitue une entrée en matière : elle **doit amener le sujet** de la façon la plus naturelle et la plus stimulante possible ;
– la deuxième, courte plutôt, doit **poser le sujet** ;
– la dernière doit **annoncer le plan** dans ses grandes lignes, qu'il s'agisse d'un plan dialectique ou d'un plan thématique.

▪ Proposition d'introduction au sujet de réflexion suivant :
« Vous semble-t-il préférable d'être un enfant unique ou d'avoir des frères et des sœurs ? »
[De nos jours, en France, on assiste à une baisse régulière du taux de natalité et l'on redoute de plus en plus une insuffisance du renouvellement des générations. La légalisation de la contraception et celle, à moindre échelle, de l'avortement, mais encore l'entrée de la femme dans le monde du travail, en sont les causes principales. Ainsi existe-t-il de nombreux couples qui n'ont qu'un seul enfant.]
[Une question se pose alors : est-il préférable d'être un enfant unique ou vaut-il mieux avoir des frères et sœurs ?] [Nous tenterons d'y répondre en considérant successivement les avantages et les inconvénients de l'un et de l'autre cas.]

JE VÉRIFIE

	vrai	faux
1. Le plan d'une rédaction traitant un sujet de réflexion est présenté à la fin de l'introduction.	☐	☐
2. Dans un sujet de réflexion, on peut commencer à argumenter dès l'introduction.	☐	☐

1. vrai – 2. faux ; il ne faut pas commencer à traiter le sujet dans l'introduction.

1 **Sépare d'un trait vertical les trois parties de cette introduction.**

De la massue préhistorique à la bombe atomique, nombreuses furent les métamorphoses qui ont profondément modifié le visage de la société humaine. Ces transformations nous incitent en réalité à nous demander si elles ont effectivement servi l'humanité, à l'exemple de ce sociologue contemporain qui déclarait récemment : « Le monde dans lequel nous vivons est inhumain. » Une prise de position aussi catégorique se justifie sans doute pour diverses raisons, mais nous verrons aussi qu'elle ne reflète pas fidèlement la réalité.

2 **Reconstitue l'introduction suivante en donnant à chacune de ses parties un numéro d'ordre (1, 2 ou 3).**

– (...) Une semblable évolution ne peut laisser quiconque indifférent ; c'est pourquoi nous proposons de vérifier, dans un premier temps, quelle part de vérité contiennent de tels propos, puis de réfléchir aux limites qu'on peut leur imposer.

– (...) Autrefois, l'homme et la femme n'occupaient pas le même rang social : l'homme accomplissait les tâches nobles et valorisantes, tandis que la femme vaquait à des occupations purement domestiques... Peu à peu, la situation s'est modifiée.

– (...) Élisabeth Badinter a pu ainsi écrire, dans *L'un est l'autre*, en 1986 : « Le XXe siècle a mis fin au principe d'inégalité qui présidait aux rapports entre les hommes et les femmes. »

3 **Barre, dans l'introduction suivante, la phrase qui n'a pas sa place.**

La société actuelle éprouve le besoin de se fabriquer régulièrement des idoles, de sorte qu'il en existe aujourd'hui de très nombreuses. Elles sont toutes reconnues en tant que telles pour leur talent, qu'il s'agisse de chanteurs, d'acteurs, de mannequins... Doit-on pourtant envier leur existence ? Il faut rappeler que Kurt Cobain, le chanteur vedette du groupe Nirvana, s'est suicidé en 1994 parce qu'il ne supportait plus les conséquences de son succès. Nous verrons successivement les inconvénients et les avantages de la célébrité de nos jours.

Corrigé des exercices page 236

88 CONCLURE UN SUJET DE RÉFLEXION

JE RETIENS

▌ La conclusion d'un sujet de réflexion contient trois étapes :
– un **rappel** des grandes lignes du développement, c'est-à-dire les opinions argumentées dans chacun des paragraphes ;
– une **prise de position personnelle** (ou une confirmation de celle-ci si le plan est thématique) qui peut être positive, négative par rapport à la question abordée par le sujet, ou ni l'une ni l'autre (on se dit incapable de se prononcer) ;
– une **ouverture,** proposant des solutions au(x) problème(s) posé(s), ou évoquant l'avenir et les modifications de situation possibles, ou encore soulevant un autre problème issu de la question traitée.

▌ Proposition de conclusion au sujet de réflexion suivant : « Croyez-vous que l'enfance soit le plus beau moment de l'existence ? »
[Par conséquent, on connaît des joies multiples durant l'enfance, mais aussi de nombreuses difficultés.] [Aussi, il m'est difficile d'affirmer sans réserve que c'est le plus beau moment de l'existence.] [En réalité, il faudrait que l'on soit davantage attentif aux autres, et plus particulièrement aux enfants afin de mieux déceler les problèmes qu'ils rencontrent et que souvent ils n'osent pas confier.]

▌ **Remarque** : Une conclusion contient à son début un connecteur logique exprimant la conséquence.

JE VÉRIFIE

	vrai	faux
1. La conclusion d'un sujet de réflexion contient deux parties différentes.	☐	☐
2. « En définitive » est un connecteur logique pouvant servir à annoncer la conclusion.	☐	☐

1. faux ; elle en contient trois. – 2. vrai.

1 Sépare d'un trait vertical les trois parties de cette conclusion.

Ainsi, comme nous l'avons démontré précédemment, le livre joue aujourd'hui un rôle important dans la découverte du monde, mais on peut également en constater les limites. En réalité, il paraît difficile de ne pas reconnaître que le livre est fortement concurrencé par des procédés technologiques bien plus attrayants. N'est-ce pas la raison essentielle de la diminution du nombre de lecteurs réguliers et ne serait-il pas temps de prendre des mesures destinées à promouvoir plus efficacement ce compagnon de voyage ?

2 Reconstitue la conclusion suivante en donnant à chacune de ses parties un numéro d'ordre (1, 2 ou 3).

– (…) En réalité, il faudrait que nous vivions autrement, que nous modifiions nos conditions d'existence : faisons de notre société de consommation une société de partage.

– (…) Il semble plutôt difficile de la rejeter complètement et prudent de ne pas s'y jeter à corps perdu.

– (…) Ainsi, on peut admettre que la société de consommation dans laquelle nous vivons ne laisse pas indifférent, car elle présente bien des privilèges mais aussi bien des déboires.

3 Barre dans la conclusion suivante la phrase qui n'y a pas sa place.

Par conséquent, qu'il s'agisse de l'envisager sous l'angle économique, psychologique ou artistique, nous devons admettre que la publicité présente bien des inconvénients. Il est alors tout à fait compréhensible que l'on émette des réserves à son sujet, voire qu'on la condamne. Ne doit-on pas en fait considérer la publicité, à travers les excès en tout genre auxquels elle se livre, comme le reflet du caractère superficiel et impitoyable de notre époque ? Que peut-on penser de la publicité ?

Corrigé des exercices page 236

CORRIGÉ DES TESTS D'ÉVALUATION

■ **Orthographe grammaticale, page 7**

Test 1 : 1a – 2b – 3a – 4a.
Test 2 : 1a – 2b – 3a.
Test 3 : 1b – 2a – 3a.
Test 4 : 1a – 2b – 3c.
Test 5 : 1b – 2a – 3a.
Test 6 : 1a – 2a – 3b.

■ **Orthographe d'usage, page 9**

Test 7 : 1b – 2a – 3a.
Test 8 : 1a – 2a – 3a – 4a.
Test 9 : 1b – 2b – 3a – 4a.
Test 10 : 1a – 2b – 3a.

■ **L'indicatif, page 11**

Test 11 : 1a – 2b – 3a.
Test 12 : 1a – 2a – 3b – 4a.
Test 13 : 1a – 2a – 3b.
Test 14 : 1b – 2b – 3a.
Test 15 : 1b – 2a – 3a.

■ **Les autres modes, page 13**

Test 16 : 1a – 2b – 3b.
Test 17 : 1b – 2b – 3b.
Test 18 : 1a – 2a – 3b.
Test 19 : 1b – 2a – 3a.

■ **La nature des mots, page 15**

Test 20 : 1b – 2c – 3a.
Test 21 : 1a – 2b – 3a.
Test 22 : 1a – 2b – 3b.
Test 23 : 1b – 2a – 3b.
Test 24 : 1b – 2c – 3b.
Test 25 : 1a – 2b – 3b.
Test 26 : 1c – 2a – 3a.
Test 27 : 1b – 2a – 3c.
Test 28 : 1b – 2a.

■ **Le verbe (1), page 19**

Test 29 : 1c – 2a – 3a.
Test 30 : 1a – 2b – 3c.
Test 31 : 1b – 2b – 3a.
Test 32 : 1b – 2b – 3a.
Test 33 : 1a – 2a – 3b.

■ **Le verbe (2), page 21**

Test 34 : 1b – 2a – 3b.
Test 35 : 1a – 2b – 3a.
Test 36 : 1c – 2a – 3a.
Test 37 : 1a – 2a – 3a.
Test 38 : 1a – 2a – 3a.

■ **Les fonctions par rapport au verbe (1), page 23**

Test 39 : 1b – 2a – 3c.
Test 40 : 1b – 2a – 3b.
Test 41 : 1b – 2c.
Test 42 : 1b – 2b – 3a.
Test 43 : 1a – 2b – 3b.

■ **Les fonctions par rapport au verbe (2), page 25**

Test 44 : 1b – 2a.
Test 45 : 1b – 2c – 3b.
Test 46 : 1b – 2a.
Test 47 : 1b – 2a – 3a.

■ **Les fonctions par rapport au nom, page 26**

Test 48 : 1a – 2b – 3b.
Test 49 : 1a – 2a – 3b.
Test 50 : 1a – 2b – 3a.

■ **Les fonctions : synthèse, page 28**

Test 51 : 1a – 2a – 3a.
Test 52 : 1a – 2b – 3c.
Test 53 : 1b – 2a – 3a.

▌Phrase simple et phrase complexe, page 29

Test 54 : 1a – 2b – 3b.
Test 55 : 1a – 2a – 3a.
Test 56 : 1a – 2a – 3a.
Test 57 : 1b – 2a – 3a.
Test 58 : 1a – 2b – 3a.

▌Les propositions subordonnées, page 31

Test 59 : 1b – 2a – 3a.
Test 60 : 1b – 2b – 3a.
Test 61 : 1a – 2a – 3b
Test 62 : 1c – 2a – 3a.
Test 63 : 1b – 2a – 3c.
Test 64 : 1a – 2b – 3a.

▌Vocabulaire, page 34

Test 65 : 1a – 2b – 3a.
Test 66 : 1a – 2a – 3b.
Test 67 : 1a – 2a – 3a.
Test 68 : 1c – 2b – 3a.
Test 69 : 1b – 2b – 3a.
Test 70 : 1c – 2b – 3a.
Test 71 : 1c – 2a – 3a.

▌Compréhension de texte, page 37

Test 72 : 1b – 2a – 3a.
Test 73 : 1b – 2a – 3a.
Test 74 : 1a – 2c – 3a.
Test 75 : 1a – 2a – 3a.

▌Le sujet d'imagination, page 38

Test 76 : 1a – 2a – 3a.
Test 77 : 1a – 2a – 3a.
Test 78 : 1a – 2b – 3b.
Test 79 : 1b – 2a – 3b.
Test 80 : 1a – 2b – 3a.
Test 81 : 1a – 2a – 3a.

▌Le sujet de réflexion, page 41

Test 82 : 1a – 2a.
Test 83 : 1b – 2a – 3b.
Test 84 : 1a – 2b – 3b.
Test 85 : 1b – 2a – 3b.
Test 86 : 1a – 2a – 3a.
Test 87 : 1a – 2a – 3a.
Test 88 : 1b – 2b – 3c.

CORRIGÉ DES EXERCICES DES FICHES

▌FICHE 1 page 46

Exercice 1. 1. se réunissent – 2. vivent – 3. voit – 4. s'alignent ; appartiennent – 5. se précipitent ou se précipite – 6. emmène ; se tient – 7. suffisent – 8. passent.

Exercice 2. 1. oui. – 2. On peut écrire le verbe au singulier ou au pluriel. – 3. non ; il faut écrire : ce sont. – 4. non ; il faut écrire : garnissent. – 5. oui. – 6. non ; il faut écrire : gisent. – 7. oui.

Exercice 3. 1. s'amoncellent – 2. s'élancent – 3. brille – 4. s'ébattent ; crient – 5. s'entassent – 6. se cachent – 7. gagnent – 8. ont – 9. jonchent.

▌FICHE 2, page 48

Exercice 1. 1. remarquables – 2. rares – 3. inouïes – 4. intelligents – 5. excessifs – 6. extrêmes – 7. chaudes ; collantes – 8. hauts et dorés.

Exercice 2. 1. aigres-douces – 2. nouveau-nés – 3. haut placés – 4. aigres-doux – 5. cher payés – 6. court-vêtues – 7. clairs-obscurs – 8. sourds-muets – 9. francs-comtois.

Exercice 3. 1. blanches – 2. bleu horizon – 3. bleu azur ; noirs – 4. gris perle – 5. bleu pâle – 6. verts ; bleus – 7. poivre et sel – 8. vert réséda ; saumon.

▌FICHE 3, page 50

Exercice 1. 1. oui – 2. non *(acquis)* – 3. oui – 4. oui – 5. non *(cueilli)* – 6. oui – 7. non *(relu)* – 8. non *(mort)* – 9. non *(couvert)* – 10. oui.

Exercice 2. 1. saupoudré ; haché – 2. venue – 3. vêtue – 4. arraché – 5. pris – 6. rempli – 7. prise – 8. appris ; hésité – 9. brûlé – 10. trouées.

Exercice 3. 1. *choisis* (accord avec le COD : *cadeaux*) – 2. *destinée* (accord avec le COD : *marchandise*) – 4. *regardée* (accord avec le COD : *émission*) – 5. *envoyée* (accord avec le COD : *facture*) – 7. *appelée* (accord avec le COD : *l'*, mis pour leur fille) – 9. *confiés* (accord avec le COD : *secrets*).

Exercice 4. 1. oui ; le pronom « que » mis pour *la fille* fait l'action de l'infinitif. – 2. oui ; le pronom « que » mis pour *ces arbres* ne fait pas l'action de l'infinitif. – 3. oui – 4. non *(regardés)* – 5. non *(entendue)*.

▌FICHE 4, page 52

Exercice 1. Dans ces phrases, « tout » est adjectif et s'accorde avec le nom qu'il qualifie.

1. tous – 2. tout – 3. toutes – 4. tous – 5. tout – 6. tous – 7. toutes – 8. toutes – 9. tous – 10. toute.

Exercice 2. Dans ces phrases, « tout » est un adverbe et demeure invariable. Il faut donc écrire « tout » à chaque fois, sauf dans les phrases 5 et 9, où il faut écrire « toute », pour respecter l'euphonie.

Exercice 3. 1. tout – 2. tout – 3. tout – 4. tout – 5. tout ; tout – 6. tout – 7. tout – 8. toute – 9. toute – 10. tout – 11. tout – 12. toute (on peut écrire aussi « de toutes sortes »).

▌FICHE 5, page 54

Exercice 1. 1. à – 2. à ; a – 3. a ; à – 4. a ; à – 5. a ; à – 6. a – 7. à – 8. à – 9. a ; à – 10. a.

Exercice 2. 1. est ; et – 2. et – 3. est ; et – 4. et ; est – 5. et – 6. et – 7. est – 8. et – 9. est – 10. et.

Exercice 3. 1. où ; ou – 2. où – 3. où – 4. ou ; ou – 5. où ; ou – 6. où – 7. ou – 8. ou – 9. où – 10. où.

■ FICHE 6, page 56

Exercice 1. 1. son – 2. sont ; son –
3. son ; son ; sont – 4. son ; sont – 5. son ;
son – 6. son – 7. son – 8. sont – 9. son.

Exercice 2. 1. quand – 2. quant –
3. quand – 4. quand ; quand – 5. quand –
6. quant – 7. quand – 8. quand –
9. quand.

Exercice 3. 1. ce ; ce – 2. se – 3. ce –
4. se ; ce – 5. ce ; se – 6. se – 7. ce – 8. se –
9. ce.

■ FICHE 7, page 58

Exercice 1. 1. réverbère – 2. député –
3. mystère – 4. réunion – 5. cacahuète –
6. président – 7. revêtement – 8. millé-
naire – 9. congrès.

Exercice 2. Il faut réécrire : 2. hôpital –
4. honnête – 6. cérébral – 7. contrôle –
8. début – 9. trêve – 10. règle.

Exercice 3. 1. sûr – 2. sûres – 3. mûrs –
4. à le voir ; à qui – 5. à peu près – 6. prêts.

Exercice 4. 1. rôle – 2. côtes – 3. di-
plôme – 4. gnome ; trône – 5. contrôle –
6. symptômes ; rougeole.

■ FICHE 8, page 60

Exercice 1. 1. dictionnaire – 2. bon-
bonne – 3. couronne – 4. madone –
5. téléphone – 6. patronne – 7. magné-
tophone – 8. trône.

Exercice 2. 1. faux (cousine) – 2. vrai
(paysanne) – 3. faux (orpheline) – 4. vrai
(pharmacienne) – 5. vrai (chatte) –
6. faux (américaine) – 7. vrai (lionne) –
8. vrai (bûcheronne) – 9. faux (idiote) –
10. faux (avocate).

Exercice 3. Il faut réécrire : 1. ori-
flamme – 4. bétonnière – 7. paillote –
10. immense.

Exercice 4. 1. jardinet – 2. moulinet –
3. talonnette – 4. planchette – 5. garçonnet – 6. wagonnet – 7. balconnet –
8. maisonnette.

■ FICHE 9, page 62

Exercice 1. 1. comptoir – 2. psychiatre –
3. dahlia – 4. baptême – 5. rhumato-
logue – 6. paon – 7. thym – 8. rythme.

Exercice 2. 1. voix – 2. fois – 3. détroit –
4. abus – 5. rebut – 6. toit – 7. fusil –
8. teint – 9. flux, reflux – 10. choix.

Exercice 3. 1. balbutiement – 2. flam-
boiement – 3. aboiement – 4. tutoie-
ment – 5. éternuement – 6. paiement –
7. dévouement.

■ FICHE 10, page 64

Exercice 1. 1. clé – 2. fée – 3. humidité –
4. moitié – 5. dictée – 6. cuillerée –
7. année – 8. pâtée – 9. idée – 10. acné.

Exercice 2. 1. encyclopédie – 2. fourmi –
3. souris – 4. insomnie – 5. nuit –
6. maladie – 7. perdrix – 8. acrobatie –
9. allergie – 10. brebis.

Exercice 3. 1. tribu – 3. glu – 5. bru –
7. vertu.

Exercice 4. 1. voix – 2. loi – 3. voie –
4. soie – 5. oie – 6. courroie – 7. paroi –
8. foie – 9. joie – 10. croix.

■ FICHE 11, page 66

Exercice 1. 1. noue – 2. afflue – 3. mul-
tiplie – 4. appelle – 5. mouche –
6. gèle ; glissent – 7. vérifie – 8. halète –
9. achetons.

Exercice 2. 1. cueilles – 2. bondit –
3. couvre – 4. recueillons – 5. souffre –
6. atterrit – 7. tressaillons – 8. se blottit –
9. raccourcit.

Exercice 3. 1. comprends – 2. pond –
3. défend – 4. distrayez – 5. peux –
6. apparaissent – 7. veux – 8. connais –
9. perds.

■ FICHE 12, page 68

Exercice 1. 1. expliquai – 2. emmena –
3. se couchèrent – 4. provoqua – 5. tan-

gua ; sombra – 6. déployèrent ; s'envolèrent – 7. gela ; éclatèrent.

Exercice 2. 1. mourut – 2. vînmes – 3. burent – 4. dut – 5. poursuivirent – 6. obtint – 7. naquit – 8. prirent – 9. attendis – 10. reconnûmes.

Exercice 3. 1. fut surprise – 2. fut pris – 3. fûmes déçus – 4. furent abattus – 5. fut puni – 6. furent distribués – 7. fut rendue – 8. furent résolues – 9. fut réparée.

▌FICHE 13, page 70

Exercice 1. 1. oublierai – 2. appuieront – 3. enverrons – 4. pèlerai – 5. appellerons – 6. ennuieras – 7. jetterez – 8. rappellerai – 9. nettoiera – 10. paierons ou payerons.

Exercice 2. 1. apercevrai ; courrai – 2. apprendra ; se mettra – 3. mourra – 4. entendront ; accourront – 5. verrons ; pourrons – 6. rirez.

Exercice 3. 1. falloir – 2. acquérir – 3. envoyer – 4. venir – 5. résoudre – 6. moudre – 7. s'écrire – 8. relier – 9. savoir – 10. absoudre.

▌FICHE 14, page 72

Exercice 1. 1. attelait ; partait – 2. pâlissait – 3. aimais ; savait – 4. ruisselaient – 5. aboyait – 6. partions – 7. brillaient – 8. pendaient.

Exercice 2. 1. ennuyions – 2. travailliez – 3. étudiions – 4. croyiez – 5. ployions – 6. tutoyiez – 7. confiions – 8. expédiiez – 9. fouillions – 10. payions – 11. éloigniez.

Exercice 3. 1. nous nous ennuyions – 2. nous remerciions – 3. nous travaillions – 4. nous verrouillions – 5. nous présentions – 6. nous nous réfugiions – 7. nous gaspillions – 8. nous accompagnions – 9. nous nous frayions – 10. nous surveillions.

▌FICHE 15, page 74

Exercice 1. 1. non ; il est au futur simple – 2. oui – 3. oui – 4. non (futur simple)

– 5. oui – 6. oui – 7. non (futur simple) – 8. non (futur simple).

Exercice 2. 1. prendrais – 2. aimeriez – 3. pourrions – 4. obtiendrait – 5. dormirait – 6. grossirait – 7. égaieraient ou égayeraient – 8. deviendrais – 9. irais – 10. enverrais.

Exercice 3. 1. Il fallait barrer : 1. concilierai (futur simple) – 2. teindront (futur simple) – 3. vous éclabousserez (futur simple) – 4. pâlirent (passé simple) – 5. courais (imparfait).

▌FICHE 16, page 76

Exercice 1. 1. a dit – 2. ont fait – 3. ont allumé – 4. ai pris ; suis parti – 5. est sortie ; est allée.

Exercice 2. 1. avais fini – 2. avait effrayé ; s'était réfugié – 3. avait déposé – 4. avaient sonné – 5. était apparue ; avait disparu.

Exercice 3. 1. eut soufflé – 2. eut doublé – 3. fut venu – 4. eurent fini.

Exercice 4. 1. auront déménagé – 2. sera venu – 3. auras fini – 4. sera mort.

Exercice 5. 1. aurions aimé – 2. aurait pu – 3. aurait fait – 4. serait venu – 5. aurait dû.

▌FICHE 17, page 78

Exercice 1. 1. termine – 2. cesse – 3. marche – 4. affranchis – 5. dis – 6. assois ou assieds – 7. balaie ou balaye – 8. va – 9. prends ; donne.

Exercice 2. 1. viens ; n'aie – 2. ne te décourage pas ; prends – 3. raconte ; ne dis pas – 4. ne hurle pas ; explique-toi – 5. ne bois pas ; prends.

Exercice 3. 1. soyez parti(e)s – 2. ayez rendu – 3. soyez revenu(e)s – 4. ayez réglé – 5. soyez arrivé(e)s – 6. ayez fini – 7. ayez lu – 8. ayez réparé – 9. soyez levé(e)s – 10. soyez guéri(e)s.

❚ Fiche **18**, page 80

Exercice 1. 1. appelions – 2. arriviez – 3. coupions – 4. voie – 5. aille – 6. meure – 7. coure – 8. fassiez – 9. puisse ; donniez.

Exercice 2. 1. que je veuille – 2. que vous fassiez – 3. que tu puisses – 4. que j'aie – 5. que nous soyons.

Exercice 3. 1. aies fermé – 2. n'aies pas répondu – 3. ayez trouvé – 4. ait prescrit – 5. ayons eu – 6. ait changé – 7. soit parti.

❚ Fiche **19**, page 82

Exercice 1. 1. peignant – 2. lisant – 3. contraignant – 4. moulant – 5. distrayant – 6. buvant – 7. connaissant – 8. gravissant – 9. battant – 10. allumant.

Exercice 2. 1. menant à la maison – 2. ayant zéro – 3. n'altérant pas la santé – 4. paraissant inutiles – 5. clignant des yeux – 6. jouant dans la cour de récréation – 7. faisant un numéro dangereux – 8. s'apercevant du vol – 9. fumant tranquillement sa pipe.

Exercice 3. 1. en bavardant – 2. en courant – 3. en descendant – 4. en montant – 5. en chantant – 6. comportant – 7. en épluchant.

❚ Fiche **20**, page 84

Exercice 1. *J'* : pronom – *vieille* : adjectif – *paysanne* : nom – *aveugle* : adjectif – *qui* : pronom – *fille* : nom – *voix* : nom – *fragile* : adjectif – *lisières* : nom – *bois* : nom – *elle* : pronom – *ouailles* : nom.

Exercice 2. 1. *fort* : nom – 2. *mêmes* : adjectif – 3. *fort* : adverbe – 4. *Même* : adverbe – 5. *justes* : adjectif – 6. *juste* : adverbe.

Exercice 3. 1. donc – 2. mais – 3. ni ; ni – 4. donc – 5. car – 6. ou – 7. et – 8. or.

❚ Fiche **21**, page 86

Exercice 1. *sept* : adjectif numéral cardinal (N) – *un* : article indéfini (I) – *les* : article défini (D) – *son* : adjectif possessif (P) – *la* (D) – *les* (D) – *son* (P) – *ses* (P) – *quatre* (N) – *la* (D) – *l'* (D).

Exercice 2. 1. article partitif (P) – 2. article défini (D) – 3. D – 4. P – 5. P – 6. P – 7. P.

Exercice 3. 1. son – 2. mon / ton / son / notre / votre / leur – 3. ma / sa / ta / notre / votre / leur – 4. son – 5. mon – 6. mon / son / notre / votre / leur – 7. leur – 8. ma / ta / sa / notre / votre / leur – 9. ma / ta / sa / notre / votre / leur – 10. mon / ton / son / notre / votre / leur ; mes / tes / ses / nos / vos / leurs.

Exercice 4. 1. ses – 2. ces – 3. ces – 4. ces – 5. ses – 6. ces ; ses – 7. ses.

❚ Fiche **22**, page 88

Exercice 1. 1. R : adjectif relationnel (il est assimilable au complément : *du crépuscule*) – 2. R *(de cristal)* – 3. D : adjectif descriptif – 4. R *(de râpe)* – 5. D – 6. D – 7. D – 8. R *(d'une mère)* – 9. D – 10. D.

Exercice 2. 1. *gros* : épithète du nom *livre* – 2. *sauvage* : attribut du sujet *animal* – 3. *vieux* : épithète du nom *patins à roulettes* – 4. *jaune* : épithète du nom *peinture* – 5. *monotone* : attribut du sujet *existence* – 6. *parfaites* : épithète du nom *dents* – 7. *déserte* : attribut du sujet *rue* – 8. *belle* : épithète du nom *araignée*.

Exercice 3. 1. *vieille* : adjectif qualificatif féminin, singulier, épithète de *femme* – 2. *craintif* : adjectif qualificatif masculin, singulier, épithète de *maintien* – 3. *pauvres* : adjectif qualificatif masculin, pluriel, épithète de *vêtements*.

❚ Fiche **23**, page 90

Exercice 1. 1. les – 2. elle – 3. lui – 4. en – 5. y – 6. le – 7. les – 8. y.

Exercice 2. 1. *elle* = Marie ; *les* = meubles – 2. *il* = l'arbre – 3. *ils* = les verres – 4. *l'* = ce disque – 5. *lui* = ton père ; *lui* = ton père – 6. *les* = les chats.

Exercice 3. 1. 1re pers. sing. ; 2e pers. sing. – 2. 2e pers. sing. – 3. 3e pers. sing. ; 3e pers. plur. – 4. 1re pers. plur. ; 3e pers. plur. – 5. 1re pers. sing. – 6. 3e pers. sing. – 7. 3e pers. plur. ; 3e pers. sing. ; 3e pers. plur. – 8. 1re pers. sing.

■ Fiche 24, page 92

Exercice 1. 1. son patient – 2. important – 3. cette chanson – 4. heureuse – 5. dormir – 6. il prendra du café – 7. que la partie n'est pas gagnée.

Exercice 2. 1. les – 2. le – 3. il – 4. elles – 5. elle – 6. ils – 7. ils – 8. en – 9. y – 10. leur – 11. en.

Exercice 3. 1. elles – 2. il – 3. l' – 4. en – 5. l' – 6. y – 7. le – 8. le.

■ Fiche 25, page 94

Exercice 1. 1. le tien – 2. la sienne – 3. les nôtres – 4. la sienne – 5. le mien, le tien, etc. – 6. le tien.

Exercice 2. 1. celles – 2. celle – 3. celui – 4. celui – 5. celui–ci – 6. celles – 7. ceux – 8. celui.

Exercice 3. Les pronoms indéfinis du texte sont *d'autres* et *personne*.

■ Fiche 26, page 96

Exercice 1. 1. tout de suite – 2. tout à fait – 3. tout à coup – 4. à tout bout de champ – 5. petit à petit – 6. à peu près.

Exercice 2. visiblement ; net ; peu à peu ; librement ; maintenant ; tout ; tout à coup.

Exercice 3. 1. ne… aucunement – 2. ne… que – 3. ne… jamais – 4. ne… pas – 5. ne… plus.

■ Fiche 27, page 98

Exercice 1. 1. de ; de – 2. dans – 3. par ; par – 4. en ; en – 5. à – 6. à.

Exercice 2. Il fallait souligner : *de* (bivouac) ; *autour* ; *à* (voix basse) ; *d'* (un air) ; *de* (capitulation) ; *dans* (les camps) ; *à* (moustaches) ; *à* (quelque distance) ; *dans* (sa main) ; *de* (moi) ; *avec* (l'accent) ; *d'*(un homme) ; *du* (quartier général).

Exercice 3. 1. complément de détermination du nom *bruit* – 2. complément d'objet indirect du verbe *souffrent* – 3. complément du pronom *aucun* – 4. sujet logique du verbe *être* – 5. complément circonstanciel de manière du verbe *éclosent* – 6. complément de détermination de l'adjectif *honteux* – 7. complément de détermination de l'adjectif *excellente* – 8. complément d'agent du verbe *est estimé* – 9. complément d'agent du verbe *fut étonnée* – 10. complément de détermination du nom *résultats*.

■ Fiche 28, page 100

Exercice 1. 1. car – 2. ni ; ni – 3. ou – 4. donc – 5. mais *ou* or – 6. car – 7. ou.

Exercice 2. Il fallait souligner : *Quand, à mesure que, tandis que.*

Exercice 3. 1. parce que – 2. si – 3. dès que – 4. parce que – 5. dès que – 6. si – 7. bien que.

■ Fiche 29, page 102

Exercice 1. 1. *brillent* : intransitif (I) – 2. *eut* : transitif (T) ; *dessinait* : T – 3. *entend* : T – 4. *arriverai* : I ; *sais* : T ; *attends* : T – 5. *referma* : T ; *partit* : I – 6. *semblait* : I – 7. *a visé* : I ; *a tiré* : I ; *a manqué* : T – 8. *pardonne* : I – 9. *répondez* : I ; *prie* : T.

Exercice 2. 1. *rêve* : transitif indirect (TI) – 2. *distribuait* : transitif double (TDO) – 3. *ressembles* : TI – 4. *photographiaient* : transitif direct (TD) – 5. *lisait* :

TDO – 6. *interrompait* : TD – 7. *ressem-blaient* : TI – 8. *donne* : TDO.

Exercice 3. 1. TD ; I ; I – 2. TD ; TI ; I – 3. I ; TI ; TD – 4. TI ; TD ; I – 5. TI ; TD ; I – 6. TD ; I ; TI.

■ FICHE 30, page 104

Exercice 1. 1. passive (P) – 2. active (A) – 3. P – 4. P – 5. A – 6. P – 7. A – 8. P – 9. A.

Exercice 2. Il fallait cocher les phrases 2, 5, 6 et 8 ; dans la phrase 1, *de toutes ses forces* est complément circonstanciel de manière (CC de manière) ; dans la phrase 3, *par les coulisses* est CC de lieu ; dans la phrase 4, *par cœur* est CC de manière ; dans la phrase 7, *par inadvertance* est CC de manière.

Exercice 3. 1. Passif (P) – 2. P – 3. P – 4. P – 5. Actif (A) – 6. P – 7. P – 8. A – 9. A.

■ FICHE 31, page 106

Exercice 1. 1b (a : erreur de temps ; c : absence du complément d'agent) – 2c (a : complément d'agent imaginé, b : erreur de temps) – 3a (b et c : erreur de temps) – 4b (a : phrase incorrecte, c : erreur de sujet).

Exercice 2. 1b (a : erreur de verbe, c : erreur de temps) – 2a (b et c : erreur de sujet) – 3b (a et c : erreur de sujet) – 4c (a et b : erreur de sujet).

■ FICHE 32, page 108

Exercice 1. 1. *marcher* : impersonnel (NP) – 2. *dois* : personnel (P) – 3. *entra* : P ; *laissant* : NP – 4. *veut* : P – 5. *lisons* : P – 6. *va* : P ; *chercher* : NP – 7. *se reflé-tait* : P.

Exercice 2. 1. indicatif ; impératif – 2. subjonctif – 3. infinitif – 4. indicatif – 5. gérondif – 6. subjonctif – 7. indicatif – 8. indicatif.

Exercice 3. 1. Le subjonctif exprime un souhait – 2. ordre – 3. surprise – 4. indi-gnation – 5. ordre.

Exercice 4. 1. *joue* : indicatif (I) – 2. *augmente* : subjonctif (S) – 3. *monte* : S – 4. *finissent* : S – 5. *saute* : I – 6. *mange* : S – 7. *bouge* : I.

■ FICHE 33, page 110

Exercice 1. 1. était – 2. racontais – 3. avais, avais eu ; aurais eu – 4. regar-dais – 5. avait oublié – 6. avait – 7. se couchait – 8. venait.

Exercice 2. 1. simultanéité (S) – 2. pos-tériorité (P) – 3. antériorité (A) – 4. A – 5. S – 6. P.

Exercice 3. 1c – 2b – 3e – 4a – 5d.

■ FICHE 34, page 112

Exercice 1. Texte écrit à la 3ᵉ personne, dont les temps dominants sont ceux du passé : il s'agit donc d'un discours coupé de la situation d'énonciation.

Exercice 2. 1. discours ancré dans la situation d'énonciation – 2. discours coupé de la situation d'énonciation.

■ FICHE 35, page 114

Exercice 1. 1. présent d'actualité (PA) – 2. présent de vérité générale (PV) – 3. présent historique (PH) – 4. présent de narration (PN) – 5. PA – 6. PV – 7. PV – 8. PH – 9. PV – 10. PN.

Exercice 2. Phrase utilisant le présent de narration : *Puis il va dans la cuisine* […] *sort sa voiture du garage.* Phrases utilisant le présent de vérité générale : *Rien ne sert de courir, il faut partir à point* et *Il ne faut pas mettre la charrue avant les bœufs.*

■ FICHE 36, page 116

Exercice 1. attendait ; entendit ; prêta ; semblait ; marchait ; déplaçait ; prit ; fut ; alluma.

Exercice 2. 1. C (imparfait itératif) – 2. A (imparfait descriptif) – 3. B (imparfait duratif) – 4. C – 5. C – 6. A – 7. B – 8. C.

Exercice 3. 1. A (valeur ponctuelle) – 2. B (valeur itérative) – 3. A – 4. A – 5. B.

▊ FICHE 37, page 118

Exercice 1. 1. A (conditionnel à valeur de potentiel) – 2. B (conditionnel à valeur d'irréel du présent) – 3. C (conditionnel à valeur d'irréel du passé) – 4. B – 5. C – 6. A.

Exercice 2. 1. A (conditionnel exprimant un on–dit) – 2. A – 3. C (conditionnel exprimant une demande polie) – 4. B (conditionnel exprimant un sentiment vif) – 5. A – 6. C.

Exercice 3. 1. aurais fait – 2. prendrais – 3. haïrais – 4. aurait gagné – 5. aurais eu – 6. aurait cambriolé – 7. serait passé – 8. confierais – 9. aurais refusé.

▊ FICHE 38, page 120

Exercice 1. 1. B (le subjonctif exprime un souhait) – 2. A (le subjonctif exprime un ordre) – 3. B – 4. A (le subjonctif exprime une interdiction) – 5. B – 6. D (le subjonctif exprime une supposition) – 7. B – 8. A – 9. C (le subjonctif exprime une indignation) – 10. D.

Exercice 2. 1. revienne – 2. soit – 3. sois – 4. ait – 5. puisse – 6. sachiez – 7. fasse – 8. aie – 9. fassiez – 10. soit.

Exercice 3. 1. Le subjonctif exprime un ordre – 2. indignation – 3. supposition – 4. ordre – 5. souhait – 6. ordre – 7. souhait – 8. indignation – 9. souhait.

▊ FICHE 39, page 122

Exercice 1. 1. L'enfant – 2. un rôti de veau – 3. Se présenter au téléphone – 4. il – 5. Elle – 6. Écrire sans fautes – 7. les villageois – 8. Le panier ; je – 9. des cierges – 10. Il.

Exercice 2. 1. infinitif – 2. pronom personnel – 3. groupe nominal – 4. adverbe – 5. subordonnée conjonctive – 6. pronom personnel – 7. groupe pronominal – 8. groupe nominal – 9. infinitif – 10. groupe nominal.

Exercice 3. 1. non : il n'est pas sujet grammatical. – 2. non – 3. oui : il est bien sujet grammatical. – 4. oui – 5. non – 6. oui – 7. oui – 8. oui – 9. non – 10. non.

▊ FICHE 40, page 124

Exercice 1. 1. ses examens – 2. l' – 3. son disque préféré – 4. Quelle belle maison – 5. des efforts – 6. gagner au loto – 7. la destination que tu préfères – 8. Quelles questions.

Exercice 2. 1. à rentrer – 2. en – 3. à elle – 4. d'une maladie incurable – 5. à ce projet – 6. à quelque chose – 7. de mes parents – 8. y – 9. de votre absence.

Exercice 3. 1. *y* : COI – 2. *en* : COI – 3. *l'* : COD – 4. *lui* : COI – 5. *les* : COD – 6. *l'* : COD – 7. *y* : COI – 8. *l'* : COD – 9. *nous* : COD.

▊ FICHE 41, page 126

Exercice 1. 1. amis – 2. d'un solide gaillard – 3. camarades ; rivaux – 4. couvert ; radieux – 5. délégué de classe – 6. attentif – 7. un homme parfait – 8. coupable – 9. comme le plus sûr – 10. trop jeune.

Exercice 2. Les trois attributs du sujet sont : de traire les chèvres ; un trou profond [...] par un auvent mobile ; noir de suie.

Exercice 3. Nature des attributs du sujet en italique : 1. groupe adjectival – 2. adjectif qualificatif – 3. groupe nominal – 4. adjectif interrogatif – 5. proposition subordonnée conjonctive – 6. adjectif qualificatif – 7. groupe infinitif – 8. adjectif qualificatif.

▮ FICHE 42, page 128

Exercice 1. 1. à ses oisillons – 2. lui – 3. à la médecine – 4. lui – 5. aux vainqueurs – 6. des pièges tendus – 7. à quitter la salle – 8. à votre exposé – 9. à ses invités – 10. à ses amis.

Exercice 2. 1. non (c'est un C.C.Temps) – 2. oui – 3. oui – 4. non (c'est un C.C. Lieu) – 5. oui – 6. oui – 7. oui – 8. non (c'est un C.C. Manière) – 9. oui – 10. non (c'est un C.C. Temps).

Exercice 3. 1. lui (pronom personnel) – 2. à ceux qui l'entouraient (groupe pronominal) – 3. à chacun d'entre nous (groupe pronominal) – 4. nous (pronom personnel) – 5. de la laisser seule (groupe infinitif).

▮ FICHE 43, page 130

Exercice 1. 1. non (c'est un C.C. Manière) – 2. oui – 3. non (c'est un CDN) – 4. oui – 5. oui – 6. oui – 7. non (c'est un C.C. Moyen) – 8. oui – 9. oui – 10. non (c'est un C.C. Manière).

Exercice 2. 1. de ses poussins – 2. des dieux – 3. par la foudre – 6. par la foule – 7. de vigne vierge – 9. par le facteur.

Exercice 3. 1. groupe nominal – 2. groupe pronominal – 3. groupe nominal – 4. groupe pronominal – 5. groupe nominal – 6. pronom personnel – 7. groupe nominal – 8. groupe nominal – 9. groupe nominal.

▮ FICHE 44, page 132

Exercice 1. 1. à la ferme – 2. Au milieu de la cour – 3. de son cabas – 4. de chez lui – 5. rue des Alouettes – 6. Dans le jardin ; çà et là.

Exercice 2. 1. Les matins d'été ; dès qu'il faisait jour – 2. fréquemment – 3. trois jours et trois nuits – 4. le lendemain – 5. alors.

Exercice 3. 1. en anglais – 2. attentivement – 3. mieux – 4. en se pinçant le nez – 5. sans prévenir – 6. fort.

Exercice 4. 1. avec une tronçonneuse – 2. avec un brancard – 3. avec les doigts – 4. sans filet.

Exercice 5 : 1. pour avoir à manger – 2. pour ma toux – 3. pour le prochain match – 4. dans l'espoir de gagner – 5. pour ne pas grossir.

▮ FICHE 45, page 134

Exercice 1. 1. à cause d'un violent orage – 2. de l'avoir attendu si longtemps – 3. pour mauvaise conduite – 4. Grâce aux bons réflexes du chauffeur – 5. Faute d'avoir préparé le repas – 6. Ayant passé une nuit blanche.

Exercice 2. 1. comme/étant donné que/ puisque/sous prétexte que – 2. puisque – 3. Sous prétexte que/comme – 4. parce que – 5. comme/étant donné que/puisque – 6. non que.

Exercice 3. 1c – 2f – 3e – 4b – 5a – 6d.

▮ FICHE 46, page 136

Exercice 1. Il fallait souligner : 1. il restera alité – 2. il s'inscrira à l'université – 3. il ne peut pas rentrer chez lui – 4. Il ne va pas en promenade – 5. on commence à s'en lasser – 6. Il a dû prendre le train – 7. nous ne pourrons pas les manger.

Exercice 2. Il fallait souligner : 1. que l'on dut fermer la fenêtre – 2. qu'elle en a attrapé une insolation – 3. que j'ai fini par céder – 4. qu'il n'osait pas parler – 5. de telle façon que personne ne l'a vu – 6. qu'on dut le mettre en couveuse – 7. que la famine s'installa – 8. de sorte que nous ne pourrons pas la visiter – 9. que nous avons tous beaucoup ri – 10. que ses articulations blanchirent.

Exercice 3. 1. *si* ; que – 2. *si* ; que –
3. *tant* ; qu' – 4. au point qu' – 5. *tel-lement* ; qu' – 6. si bien qu' – 7. *si* ;
qu' – 8. *suffisamment* ; pour que .

▌ FICHE 47, page 138

Exercice 1. 1. malgré – 2. sans –
3. même sans – 4. sans – 5. loin d'(être) –
6. malgré.

Exercice 2. 1. Bien que son verre soit
propre – 2. Quoiqu'il soit encore un peu
tôt – 3. bien que je t'aie donné d'excel-lents conseils – 4. tandis que celles du
rez-de-chaussée sont ombragées –
5. Tout agrégé qu'il est – 6. encore que
je doute de ton succès.

Exercice 3. Il fallait cocher les phrases 2,
5 et 7. La phrase 1 contient une subor-donnée conjonctive objet ; les phrases 3
et 4, une subordonnée de conséquence ;
la phrase 6, une subordonnée de but
(Pour que [...] *en fumée)* et une subor-donnée conjonctive objet ; la phrase 8,
une subordonnée de temps.

▌ FICHE 48, page 140

Exercice 1. 1. grand ; noir – 2. jolie ;
jeune – 3. bleues ; jaunes – 4. abondant –
5. (aucune épithète) – 6. long – 7. pleine
– 8. multicolores – 9. épaisse – 10. éma-cié, tristes.

Exercice 2. 1. adjectif descriptif (D) –
2. D – 3. D – 4. D – 5. adjectif de relation
(R) – 6. R – 7. R – 8. R – 9. R – 10. D.

Exercice 3. 1. participe passé (B) –
2. adjectif verbal (C) – 3. C – 4. B –
5. adjectif qualificatif (A) – 6. A – 7. A –
8. A – 9. A.

▌ FICHE 49, page 142

Exercice 1. 1. à – 2. à – 3. en – 4. de – 5. à
– 6. de – 7. en – 8. à – 9. de – 10. pour.

Exercice 2. du soleil ; d'un fleuve ; aux
eaux tranquilles, verdâtres ; qui serpen-

tait *[...]* et de hêtres ; de chênes ; de
bouleaux ; de hêtres ; des marécages.

Exercice 3. 1. en coton, en cuir, de soie :
groupes nominaux (A) – 2. de venir :
infinitif (D) – 3. d'autrefois : adverbe
(C) – 4. de tous : pronom (B) – 5. de
l'Ancien Régime (A) – 6. en fer (A) –
7. de la veille (A).

Exercice 4. 1. complément circonstan-tiel (CC) – 2. complément du nom (CDN)
– 3. CC – 4. CDN – 5. CC – 6. CDN.

▌ FICHE 50, page 144

Exercice 1. 1. le fils aîné – 2. Terreur de
son quartier – 3. aliment plein de vita-mines – 4. le meilleur ami de l'homme –
5. un ami de la famille – 6. insecte sans
charme – 7. patineur remarquable –
8. un mammifère de taille.

Exercice 2. 1. résidente permanente du
grenier (A) – 2. qu'il avait rencontré le
diable (D) – 3. vous (B) – 4. une femme
du monde (A) – 5. ne pas verser dans le
fossé (C) – 6. manger (C).

Exercice 3. 1. apposition – 2. apposition
– 3. apposition – 4. Ct du nom –
5. apposition – 6. apposition.

▌ FICHE 51, page 146

Exercice 1. 1 nom (A) – 2. A – 3. adver-be (C) – 4. C – 5. pronom (B) – 6. A –
7. infinitif (D) – 8. A – 9. A.

Exercice 2. 1. complément de détermi-nation du nom (Ct du nom) *un petit
homme* – 2. CC de lieu du verbe *mène* – 3.
CC de temps du verbe *mangerons* – 4. Ct
de détermination du nom *pêche* – 5. CC
de temps du verbe *parle* – 6. COS du
verbe *aurons* – 7. CC de manière du
verbe *se portent*.

Exercice 3. 1. nature : groupe
nominal ; fonction : Ct de détermina-tion du nom *vêtements* – 2. nature :
nom ; fonction : CC de temps du verbe
arriverons – 3. nature : groupe infinitif ;
fonction : COI du verbe *n'ont pas hésité* –

4. nature : groupe nominal ; fonction : CC de moyen du verbe *abattent*.

▌FICHE 52, page 148

Exercice 1. 1. groupe nominal (A) – 2. pronom (B) – 3. groupe infinitif (D) – 4. B – 5. adverbe (C) – 6. C – 7. D – 8. B – 9. A – 10. A.

Exercice 2. 1. CC de lieu du verbe *arrivons* – 2. CC de manière du verbe *raconter* – 3. COI du verbe *douter* – 4. COD du verbe *a promis* – 5. Ct d'agent du verbe *suis surpris* – 6. Ct de détermination du nom *bord* – 7. COI du verbe *s'empressèrent*.

Exercice 3. 1. nature : groupe nominal ; fonction : Ct de détermination du nom *directeur* – 2. nature : groupe infinitif ; fonction : COD du verbe *a décidé* – 3. nature : groupe nominal ; fonction : Ct de détermination du pronom *celui* – 4. nature : groupe nominal ; fonction : Ct d'objet indirect du verbe *a été décoré*.

▌FICHE 53, page 150

Exercice 1. 1. sujet du verbe *avait enchanté* – 2. Ct de détermination du nom *début* – 3. Att. du sujet *C'* – 4. Ct d'agent du verbe *étaient charmés* – 5. COI du verbe *avaient assisté* – 6. COD du verbe *apprécient*.

Exercice 2. 1. CC de lieu du verbe *s'étaient rencontrés* – 2. COI du verbe *se destinait* – 3. COI du verbe *s'habitua* – 4. CC de temps du verbe *se remaria* – 5. COS du verbe *apporta* – 6. Att. du sujet *je* – 7. Ct d'agent du verbe *était entouré* – 8. COD du verbe *ne manquez pas* – 9. COI du verbe *ne manque pas* – 10. CC de cause du verbe *fut choisi*.

Exercice 3. 1. Ct de détermination du nom – 2. Att. du sujet – 3. apposition – 4. épithète.

▌FICHE 54, page 152

Exercice 1. 1. phrase verbale (V) – 2. phrase nominale (N) – 3. V – 4. N –

5. N – 6. V – 7. V – 8. N – 9. V – 10. V.

Exercice 2. phrases assertives : 1, 2, 6, 7, 9, 10 ; phrases interrogatives : 3, 8 ; phrases impératives : 4, 5.

Exercice 3. 1. phrase complexe (C) car plusieurs propositions la composent – 2. phrase simple (S) car formée d'une seule proposition – 3. C – 4. S – 5. C – 6. C – 7. S – 8. C – 9. C – 10. C.

▌FICHE 55, page 154

Exercice 1. 1. interrogation totale (T) : on peut répondre par *oui* ou par *non* – 2. interrogation partielle (P) : on ne peut pas répondre par *oui* ou par *non* et il y a un mot interrogatif – 3. P – 4. T – 5. P – 6. T – 7. P – 8. T – 9. T – 10. P.

Exercice 2. 1. adverbe (A) – 2. pronom (B) – 3. A – 4. adjectif (C) – 5. B – 6. C – 7. B – 8. A – 9. A – 10. C.

Exercice 3. Il fallait cocher les phrases 1, 4, 5.

▌FICHE 56, page 156

Exercice 1. ...croyait/qu'il roulerait sans problème/Le vent avait changé de direction/Dans le ciel, la pleine lune éclairait la campagne et la forêt/Pourtant le chemin présentait quelques difficultés/à plusieurs reprises, il dut descendre...

Exercice 2. 1. indépendante (I) – 2. principale (P) – 3. I – 4. subordonnée (S) – 5. P – 6. S – 7. I – 8. S – 9. P. – 10. I.

Exercice 3. Il fallait cocher les phrases 1, 3, 4, 7, 8 et 9.

▌FICHE 57, page 158

Exercice 1. 1. proposition juxtaposée (A) – 2. A – 3. proposition coordonnée (B) – 4. proposition subordonnée (C) – 5. A – 6. B – 7. C – 8. C – 9. B – 10. B.

Exercice 2. 1. donc – 2. car – 3. car – 4. donc – 5. donc – 6. car – 7. car.

Exercice 3. 1. si bien que – 2. parce qu'(ils) – 3. Bien qu'(il) – 4. si bien que – 5. Comme – 6. si bien qu'(elle) – 7. parce que – 8. Bien que – 9. parce qu'(elle).

▌FICHE 58, page 160

Exercice 1. 1. arrivait, – 2. vois, dit–elle, – 3. montait, – 4. bruit,... bougeait, – 5. dois, s'excusa–t–il, – 6. dix-huit ans, – 7. République, – 8. un peu d'argent, – 9. grammes,... régime, – 10. venir, expliqua-t-elle, mais...

Exercice 2. Il fallait cocher les phrases : 1. Lorsque je me retournai, je vis que l'homme me suivait toujours. – 3. Je regrette, déclara le comédien, d'avoir accepté ce rôle. – 6. Si vous lisez les journaux, vous devez être au courant de cet accident. – 10. Dès que la souris sortit de son trou, le chat l'attrapa.

Exercice 3. Il fallait cocher les phrases 4, 6, 7 et 8.

▌FICHE 59, page 162

Exercice 1. 1. COI de s'apercevait – 2. COD de avais entendu dire – 3. COI de pensais – 4. COD de nous imaginions – 5. COI de tiennent – 6. COI de profita.

Exercice 2. Il fallait cocher les phrases 2, 3, 5 et 6.

Exercice 3. Il fallait souligner : quand les maisons brûlent ; que des enfants restent dans l'incendie ; parce qu'ils se cachent ; que la fumée empêche de les voir ; Quand une maison est en feu ; qu'il y avait dans la maison une fillette de deux ans.

▌FICHE 60, page 164

Exercice 1. 1. quand il vous plaira : CC de temps de passer prendre – 2. comme on le lui avait montré : CC de comparaison de effectua – 3. Comme il n'avait rien à ajouter : CC de cause de se tut – 4. pour qu'ils soient là à leur retour : CC de but de avait écrit – 5. qu'elle se trompa en récitant son texte : CC de conséquence de était si sûre d'elle.

Exercice 2. 1c – 2f – 3b – 4e – 5h – 6a – 7g – 8d.

Exercice 3. Il fallait souligner : au point qu'il se décida à prendre rendez–vous chez le dentiste ; comme la carie était trop importante ; Quand il sentit la seringue pénétrer sa gencive ; quand le dentiste prit sa pince ; si bien qu'il n'éprouva aucune douleur.

▌FICHE 61, page 166

Exercice 1. 1. que ; qu' – 2. auquel – 3. qui – 4. dont – 5. qui – 6. qu' – 7. qui.

Exercice 2. 1. qui : sujet de possède – 2. que : COD de ai reçue – 3. qui : sujet de bordent – 4. à qui : COS de décerner – 5. dont : Ct d'agent de était recouverte – 6. sur laquelle : CC de lieu de s'était appuyé – 7. où : CC de lieu de trouverait.

Exercice 3. 1. oui – 2. non (c'est une subordonnée conjonctive) – 3. oui – 4. oui – 5. non (c'est une subordonnée interrogative) – 6. oui.

▌FICHE 62, page 168

Exercice 1. 1. ce qui m'a fait changer d'avis – 2. pourquoi vous êtes en retard – 3. pourquoi il travaillait tant – 4. comment on piège les taupes – 5. comment allait son mari – 6. où vous habitez – 7. quand nous allons mourir – 8. en quoi est cette statue – 9. combien de temps allait durer cette grève – 10. quel chemin prendre.

Exercice 2. 1. adjectif (B) – 2. pronom (A) – 3. adverbe (C) – 4. C – 5. C – 6. C – 7. C – 8. C – 9. B – 10. A.

Exercice 3. 1. qui m'avait envoyé à elle – 2. dans quel tiroir il avait bien pu ranger cette facture – 3. quand vous comptez arriver – 4. ce qui a pu provoquer ce court-circuit – 6. ce que vous voulez dire.

▌ FICHE 63, page 170

Exercice 1. 1. Depuis que tu es là – 2. qui lui avait si gentiment porté secours – 3. Si je réponds avant la date limite – 4. jusqu'à ce qu'il soit parfait – 5. qui lui venaient à l'esprit – 6. comment mes grands-parents étaient morts – 7. que ce livre est difficile à comprendre – 8. dont il prenait souvent les commandes. Exercice 2. 1. sub. conjonctive (A) – 2. A – 3. sub. interrogative indirecte (C) – 4. C – 5. A – 6. A – 7. sub. relative (B) – 8. A. Exercice 3. 1. Ct de l'antécédent *vedettes* – 2. CC de temps de *restait* – 3. COD de *ne comprenaient pas* – 4. Ct de l'antécédent *chien* – 5. COD de *ne savait plus* – 6. CC d'opposition de *sont devenus* – 7. CC de temps de *a été arrêté*.

▌ FICHE 64, page 172

Exercice 1. Il fallait cocher les phrases 2 et 4.

Exercice 2. 1. *fera* au lieu de *ferait* – 2. *vous prendriez* au lieu de *ils prendraient* – 3. *ici* au lieu de *là* – 4. *tu m'aimais* au lieu de *je l'aimais*.

Exercice 3. 1. j' ; mon – 2. qui ; lui – 3. il ; il ; il ; d'où – 4. le ; alors – 5. on ; moi.

▌ FICHE 65, page 174

Exercice 1. 1e – 2h – 3a – 4f – 5b – 6d – 7c – 8i – 9j – 10g.

Exercice 2. 1. rancœur – 2. mesure – 3. mairie – 4. moral – 5. commode.

Exercice 3. 1c – 2e – 3a – 4j – 5f – 6b – 7h – 8g – 9d – 10i.

Exercice 4. 1j – 2g – 3a – 4i – 5d – 6b – 7e – 8c – 9f – 10h.

▌ FICHE 66, page 176

Exercice 1. 1. écorce – 2. bureau – 3. café.
Exercice 2. 1b – 2b – 3b – 4b – 5c – 6c.

▌ FICHE 67, page 178

Exercice 1. 1. col – 2. loup – 3. bouton – 4. clé.

Exercice 2. 1. sens figuré (SF) – 2. sens propre (SP) – 3. SF – 4. SF – 5. SF – 6. SP – 7. SF – 8. SF – 9. SF – 10. SP.

Exercice 3. 1. pensée – 2. secret – 3. gauche – 4. reconnaître – 5. grossier – 6. secret – 7. pension – 8. appréhender – 9. grossier – 10. appréhender – 11. gauche – 12. pension – 13. reconnaître – 14. pensée.

▌ FICHE 68, page 180

Exercice 1. 1. campagne (D) – 2. D – 3. jardinage (B) – 4. école (A) – 5. A – 6. football (E) – 7. cheval (C) – 8. B – 9. D – 10. E – 11. E – 12. A – 13. A – 14. C – 15. E – 16. E – 17. D – 18. B – 19. B – 20. C – 21. A – 22. A – 23. E – 24. C – 25. E – 26. B – 27. B – 28. D.

Exercice 2. coiffeur ; cheveux ; pellicules ; shampooing ; coupe ; coiffures ; mise en plis ; chevelure ; ciseaux ; (coupé les) pointes ; bigoudis ; séchoir ; cheveux ; rouleaux ; brossée ; laque.

Exercice 3. 1. éponger ; imbroglio ; porte – 2. chauffeur ; tabac ; solide – 3. vitrine ; mesurer ; guirlande.

▌ FICHE 69, page 182

Exercice 1. 1. monnaie (B) – 2. père (E) – 3. chiffon (A) – 4. nouveau (C) – 5. cœur (D) – 6. D – 7. B – 8. C – 9. A – 10. C – 11. B – 12. D – 13. E – 14. E – 15. D – 16. A.

Exercice 2. 1. décharge – 2. malheureux – 3. défaire – 4. démettre – 5. incorrect – 6. inséparable – 7. dévêtir – 8. dénouer – 9. disparaître – 10. indiscret – 11. méconnaissance – 12. déshabiller – 13. indigeste – 14. inamical.

Exercice 3. 1. fillette – 2. maisonnette – 3. jardinet – 4. garçonnet – 5. fourchette – 6. wagonnet – 7. poulette – 8. boulette

– 9. tourelle – 10. tablette – 11. agnelet
– 12. livret.

▮ FICHE 70, page 184

Exercice 1. 1. oui – 2. oui – 3. non –
4. non – 5. oui – 6. non – 7. oui – 8. non
– 9. non – 10. oui – 11. oui.

Exercice 2. 1. élégamment – 2. violemment – 3. récemment – 4. bruyamment
– 5. constamment – 6. pesamment –
7. prudemment – 8. pertinemment –
9. ardemment – 10. vaillamment.

Exercice 3. 1. adroitement – 2. bruyamment – 3. vigoureusement – 4. cruelle-
ment – 5. fièrement – 6. gracieusement –
7. gaiement ou gaîment – 8. tendrement
– 9. vulgairement – 10. courageusement.

▮ FICHE 71, page 186

Exercice 1. 1. soutenue (S) – 2. S –
3. familière (F) – 4. F – 5. S – 6. courante (C) – 7. F – 8. S – 9. S – 10. S – 11. C
– 12. C – 13. C – 14. S – 15. C – 16. S –
17. C – 18. C – 19. C – 20. C – 21. F –
22. F – 23. S – 24. C – 25. F – 26. S –
27. F – 28. F – 29. F.

Exercice 2. 1. chuté – 2. ennuyeux –
3. peureux – 4. désagréable – 5. amu-
sante – 6. gifle – 7. maison – 8. cheveux –
9. travail – 10. mort.

Exercice 3. 1. amusant – 2. étudier –
3. ras le bol – 4. poireauter – 5. frapper –
6. ravissant – 7. vachement.

▮ FICHE 72, page 188

Exercice 1. 1. texte narratif – 2. texte
explicatif – 3. texte descriptif.

Exercice 2. 1. descriptif (D) – 2. argumentatif (A) – 3. D – 4. D – 5. A – 6. D –
7. A ou narratif (N) – 8. A – 9. N ou A –
10. N ou A – 11. N – 12. A – 13. N ou
A – 14. A – 15. N – 16. N – 17. D ou A
– 18. A.

▮ FICHE 73, page 190

Exercice 1. Il fallait cocher le titre : *Mon
ami.*

Exercice 2. Il fallait cocher le titre : *Un
enfant mal aimé.*

▮ FICHE 74, page 192

1. Il s'agit d'un texte mixte. – 2. Il
contient trois parties, correspondant à
la division du texte en trois paragraphes.
– 3. Ce sont des connecteurs temporels :
Je venais d'entrer dans un autre monde,
À mesure que j'en approchais, Quand
enfin j'atteignis le bout de l'allée.

▮ FICHE 75, page 194

1. rit, s'arrête, rire, raconte, se plante,
renverse, lance, tire, roule, étale, s'empoigne, se mouche – 2. gai, exubérant,
comique.

▮ FICHE 76, page 196

Exercice 1. Il fallait écrire, dans l'ordre :
Dès le premier jour ; D'abord ; Alors
seulement ; Puis ; Alors.

Exercice 2. Il fallait écrire les numéros
d'ordre suivants : 3, 1, 4, 2.

▮ FICHE 77, page 198

Oui, car elle respecte toutes les caractéristiques du texte initial (type de texte,
temps utilisés, identité du narrateur, etc.).

▮ FICHE 78, page 200

Il fallait cocher : 1. oui – 2. non – 3. oui
– 4. oui – 5. oui.

▮ FICHE 79, page 202

1. Les personnages se trouvent au sommet d'un château d'eau. – 2. La ferme
est décrite d'abord. – 3. Est ensuite
décrit ce qui est tout autour de la ferme.
– 4. La description se porte enfin sur la
ligne sinueuse des peupliers. – 5. Du

sommet du château d'eau ; tout autour ; à l'horizon.

∎ FICHE 80, page 204

Exercice 1. portrait en action.

Exercice 2. 1. Sont utilisés pour caractériser... a. la stature du personnage : *corpulence sans véritable obésité* – b. sa voix : *abondante et dorée* – 2. éléments du visage évoqués : les lignes ; le teint ; la barbe ; les yeux ; le regard ; les dents – 3. accessoires vestimentaires : une jaquette ; un gilet ; un pantalon ; une cravate ; le col – 4. comparaisons : *comme d'un tremplin* ; *comme si [...] son cœur.*

∎ FICHE 81, page 206

Exercice 1. Il fallait ouvrir les guillemets devant *Parfait* ! et devant *Tu devrais manger* et les fermer après *la viande crue* et après *par terre* ; il fallait mettre un tiret devant : *Oui* ; *Ne dis pas ça* ; *J'aime pas.* Il fallait placer dans cet ordre les propositions incises : *grogna-t-il* ; *s'écria Amélie* ; *soupira Élisabeth.*

Exercice 2. Il fallait inscrire les numéros d'ordre suivants : 3, 2, 4, 1, 5.

∎ FICHE 82, page 208

Exercice 1. 1. sujet de réflexion (R) – 2. sujet d'imagination (I) – 3. I – 4. R – 5. R.

Exercice 2. Il fallait cocher les sujets de réflexion 1 et 3.

∎ FICHE 83, page 210

Exercice 1. 1. avantage (A) – 2. inconvénient (I) – 3. (I) – 4. (A) – 5. (I) – 6. (A).

Exercice 2. avantage + école (A1) : 6, 9. inconvénient + école (I1) : 1, 4, 10. avantage + télévision (A2) : 3, 7. inconvénient + télévision (I2) : 2, 5, 8.

∎ FICHE 84, page 212

Exercice 1. Il fallait cocher les thèmes 1, 2 et 4.

∎ FICHE 85, page 214

Exercice 1. 1. fait (F) – 2. opinion (O) – 3. O – 4. F.

Exercice 2. Il fallait cocher les arguments 2, 5 et 6.

Exercice 3. Ordre : 1, 9, 4, 2, 6, 8, 7, 5, 3.

∎ FICHE 86, page 216

Exercice 1. Il fallait cocher les phrases 1, 3, 5, 7, 9, 10 et 11.

Exercice 2. 1d – 2c – 3b – 4. argument non illustré – 5a – 6e.

∎ FICHE 87, page 218

Exercice 1. La 1re partie va jusqu'à *société humaine* ; la 2e jusqu'à *... est inhumain.*

Exercice 2. Ordre : 3, 1, 2.

Exercice 3. Il fallait barrer : *Il faut rappeler [...] les conséquences de son succès.*

∎ FICHE 88, page 220

Exercice 1. La 1re partie va jusqu'à *en constater les limites,* la 2e partie jusqu'à *bien plus attrayants.*

Exercice 2. Ordre : 3, 2, 1.

Exercice 3. Il fallait barrer : *Que peut-on penser de la publicité ?*

Exercice 2. Il fallait souligner :
– *De plus* dans le 1er paragraphe, car le premier thème développé doit être annoncé par *D'abord, Tout d'abord, En premier lieu,* etc. ;
– la phrase du 2e paragraphe qui appartient à un plan plaidoyer et non à un plan réquisitoire.

Exercice 3. 1. informatique et libertés individuelles – 2. informatique et emploi – 3. informatique et communication – 4. informatique et économie internationale. Ce plan a valeur de réquisitoire.

Index

Les numéros renvoient aux pages.

Dépôt légal: septembre 1998 - N° d'éditeur: 6495 - N° d'imprimeur: 1016 - *Imprimé en Italie*
chevé d'imprimer en septembre 1998 par STIGE S.p.A. - v. Pescarito 110 - 10099 San Mauro T.se (TO) - (Télephone: 011 - 2230101)